RECUEIL

DE TOMBEAUX

DES

QUATRE CIMETIÈRES

DE PARIS.

Prix de chaque Livraison :

Figures en noir. . . . . . 2 fr.
Id. lavées et coloriées. . . 10

DE L'IMPRIMERIE DE J.-L. CHANSON,
RUE DES GRANDS-AUGUSTINS, Nº 10.

RECUEIL
DE TOMBEAUX

DES QUATRE

CIMETIÈRES DE PARIS,

AVEC LEURS ÉPITAPHES ET LEURS INSCRIPTIONS;

Mesurés et dessinés par C.-P. ARNAUD,

ARCHITECTE-DESSINATEUR, PREMIER ÉDITEUR DE CE NOUVEAU GENRE D'OUVRAGE.

TOME SECOND.

Ce volume est orné de quarante Planches gravées au trait avec soin, parmi lesquelles se trouvent les tombeaux de plusieurs hommes illustres et femmes célèbres, entr'autres ceux des Maréchaux NEY, KELERMANN, du général en chef PICHEGRU, de LA HARPE, GRÉTRY, de madame DUBOCAGE, etc.

Plus, dix-huit portes et grilles, les plus remarquables, exécutées en serrureries, en fer coulé, et ornées de bronze; des Tombeaux de Familles de ce vaste et pittoresque cimetière, formant dix-huit planches grand in-8°, dessinés et mesurés par C.- P. ARNAUD, architecte-dessinateur, et gravés par HIBON.

Chaque volume et le recueil des portes et grilles, peuvent s'acquérir séparément.

A PARIS,

CHEZ { ARNAUD, ÉDITEUR, rue de la Roquette, n° 59, faub. St-Antoine;
CARILLAN-GOEURY, libraire, quai des Augustins, n° 41;
DELAUNAY, libraire, Palais-Royal, galerie de bois, n° 24;
Les CONCIERGES et PORTIERS des Cimetières.

1825.

ANDRÉ-ERNEST-MODESTE
GRÉTRY,

Né à Liége le 11 Fevrier 1741,
Décédé a l'hermitage d'Emile
Le 24 Septembre 1813.

REPOSE

sous ce monument
érigé a sa mémoire
par ses neveux et ses nieces.

DESCRIPTION
DE TOMBEAUX.

PLANCHES 41 , 42 , 43 , 44.

CIMETIÈRE DE MONT-LOUIS.

PLANCHE 41.

TOMBEAU DE GRÉTRY.

POUR trouver ce monument , il faut suivre le chemin que l'on a devant soi, en entrant , et qui conduit jusqu'au bosquet où s'élève celui qui renferme la dépouille de Jacques Delille. Il est situé vis-à-vis ce monument , de l'autre côté du chemin (*voyez le plan*).

Ce monument est en marbre blanc , veiné , et forme un piédestal carré , avec fronton et oreillons , dont les ornemens sont sculptés. La lyre et les lettres sont dorées. Il est posé sur une estrade en marbre noir, de six pouces de haut , construite sur un caveau. Un des angles de cette estrade fut mutilé , le 30 mars 1814 , par un boulet de l'armée russe. Une balustrade en fer entoure

1

le monument. Il est souvent orné de fleurs et de couronnes d'immortelles. La corbeille , les couronnes , les guirlandes de fleurs , le laurier et le rosier qui ornent ce tombeau , sont autant d'offrandes des parens et des admirateurs de l'illustre Grétry.

André-Ernest-Modeste GRÉTRY , né à Liège, est mort à Montmorency , dans l'hermitage qu'il avait acheté, et qu'a long-temps habité Jean-Jacques Rousseau, le 24 septembre 1813 , à onze heures du matin , dans sa soixante-douzième année. Il a lui-même dicté ses dernières volontés , et a paru desirer que son cœur fût déposé à l'Hermitage , sous le buste de Jean-Jacques.

Discours *prononcé par* M. Méhul, *au nom de l'Institut* , *sur la tombe de* Grétry.

Messieurs ,

A l'aspect de ce cercueil , qui va bientôt disparaître à nos yeux , un même sentiment nous affecte , une même pensée nous occupe : nous regrettons un grand artiste , et nous comptons avec orgueil , pour sa mémoire , tous ses titres , tous ses droits à l'admiration de la postérité. Elle commence , pour les hommes célèbres , au moment où ils cessent d'exister ; et , trop souvent , ce n'est qu'à ce moment funeste , qu'ils reçoivent le tribut d'estime et de reconnaissance qu'ils ont mérité par d'utiles et honorables travaux.

Si , avant de consacrer ses veilles à l'étude des beaux arts , on pouvait savoir à quel prix s'achète la renommée,

les hommes doués d'une âme fière et sensible, préfè-
reraient une vie obscure à un éclat trop envié, pour
n'être pas la source de tous les chagrins.

Par un concours de circonstances dont l'heureuse
combinaison ne se trouvera peut-être jamais, GRÉTRY
n'a point eu à souffrir de l'injustice de ses contem-
porains.

Les clameurs de l'envie ne se sont point élevées contre
ses nombreux succès. Trop supérieur dans le genre qu'il
s'est créé, pour avoir des rivaux dignes de l'inquiéter,
il n'a pas connu les honteuses tracasseries que suscitent
les rivalités.

Honoré à la cour, honoré à la ville : la gloire, la fa-
veur, la fortune, ont été le prix de ses heureux travaux.
Il a reçu tous les honneurs, toutes les distinctions qu'il
a méritées, et sa longue carrière a été un long triomphe.

Dans ce lieu où il nous précède d'un moment, dans
ce lieu où tant de réputations s'effacent pour jamais, son
nom ne sera point enseveli avec sa dépouille mortelle.

GRÉTRY a vu s'élever les monumens qui doivent éter-
niser sa mémoire. Avant de fermer les yeux, il a, si
j'ose m'exprimer ainsi, assisté au jugement de la postérité, et joui de son immortalité.

Qu'il goûte le repos éternel, et cherchons à adoucir
l'amertume de nos regrets, en songeant qu'il fut heureux, et qu'une plus longue vieillesse n'eût fait qu'a-
jouter aux infirmités douloureuses qui attristèrent ses
derniers jours.

La mort d'un grand artiste ne ressemble point à celle
de l'homme vulgaire. L'un s'anéantit tout entier, tandis
que l'autre semble, pour ainsi dire, se réfugier et vivre
encore dans les œuvres de son génie.

Si GRÉTRY nous est ravi par la commune loi , les trésors de sa féconde imagination nous restent.

Cet héritage , précieux pour nous et nos neveux , a
fait partie de la gloire du siècle qui vient de finir , et sera
une source inépuisable de jouissances pour le siècle qui
vient de commencer.

Faible émule d'un si grand maître, d'un maître inimi-
table ; en un mot, d'un Molière de la comédie lyrique ,
il me serait doux d'offrir à ses mânes le tribut de l'admiration dont je suis pénétré , et d'être le digne inter-
prète des regrets de la classe des beaux arts de l'Institut ;
mais je sens qu'il y aurait une présomption sacrilège à
entreprendre une tâche qui est au-dessus de mes forces.
D'ailleurs , il est des hommes dont la renommée est à
la fois si élevée et si populaire qu'il suffit de les nommer
pour rappeler les grandes qualités qui les distinguent.
GRÉTRY est de ce nombre, et GRÉTRY a autant d'admirateurs et de panégyristes qu'il existe d'ames sensibles au
bel art dans lequel il s'est illustré.

Je me bornerai donc à dire qu'il fut honoré pour ses
talens, aimé pour sa personne, estimé pour son caractère , et qu'il sera long-temps regretté par sa famille ,
par ses amis et par ses nombreux admirateurs.

VERS *sur la mort de ce grand Musicien.*

Quels sinistres accens ! j'entends des cris funèbres !
Le ciel est obscurci par d'épaisses ténèbres.
Muse , suspens ta lyre… en ce long jour de deuil,
GRÉTRY , nouveau Linus , descend dans le cercueil !
Le célèbre GRÉTRY , d'éternelle mémoire ,
Vécut trop peu pour nous , mais assez pour la gloire,
Et son nom , cher aux arts , de toutes parts cité ,
Passera , d'âge en âge , à la postérité.

DUSAUSOIR , *de l'Athénée des Arts.*

Autres Vers sur le même.

Il n'est plus, l'heureux enchanteur
Qui sut exprimer, sur sa lyre,
De *Richard* la noble douleur,
Et la tendresse de *Zémire !*
Vous, ses amis, ses écoliers,
Déposez-le près de Delille,
Et les cyprès de cet asile
Disparaîtront sous les lauriers.

MÊME CIMETIÈRE.

TOMBEAU D'ERNEST GRÉTRY.

Le long de l'avenue de tilleuls, à gauche, en montant à la chapelle, on voit un cyppe, en pierre de liais, orné d'un sablier aîlé, sculpté dans un rond creux, ombragé de quelques arbustes, et entouré d'un treillage. On y lit l'inscription suivante, accompagnée de quatre vers :

ERNEST GRÉTRY,
Agé de quatre ans,
Mort le jour de la fête de son père,
30 novembre 1813.

A ses innocentes vertus
Le ciel a voulu rendre hommage :
D'un ange ERNEST était l'image ;
Dieu voulait un ange de plus.

Par son Père.

CIMETIÈRE DE MONTMARTRE.

PLANCHE 42.

TOMBEAU DE MADAME DUBOCAGE.

Ce monument est élevé à droite , en entrant ; mais il faut le chercher parmi les arbres qui l'environnent : c'est ainsi que la modeste violette se cache sous le gazon. Il est formé d'une dalle en marbre blanc , perpendiculaire , et qui se termine en ceintre , avec oreillons.

Marie-Anne LEPAGE-DUBOCAGE , des académies de Rome, Bologne , Padoue, Lyon et Rouen , naquit à Rouen , le 22 octobre 1710 , et fut élevée à Paris , au couvent de l'Assomption. Sevrée de bonne heure des jeux frivoles et dangereux , elle n'avait d'autre passion que celle de l'étude. Aux charmes de son sexe , elle unissait un esprit avide de connaissances , et plus solide que brillant.

Un goût vif pour la poésie se développa en elle dès les premières années de son adolescence. Dans le dessein d'imiter , en vers français , *le Temple de la Renommée* , de Pope , elle se livra avec ardeur à l'étude de la langue anglaise. En 1746 , elle remporta le premier prix , fondé par l'académie de Rouen.

Madame Dubocage s'éteignit , pour ainsi dire , le 8 août 1802 , à l'âge de 92 ans.

CI-GIT

MARIE-ANNE LEPAGE,

VEUVE DUBOCCAGE

Née à Rouen le 10 Novembre 1710
Morte à Paris le 21 Thermidor an 10
(9 Août 1802.)
Âgée de Quatre-Vingt
douze ans.

On l'admira pour ses talens,
On l'aima pour ses vertus.

C.P. Arnaud

À la bonne Zélia

Ut Flos
Ante Diem
Flebilis Occidit

Passant
marche tout doux par ici car
Zélia repose

CI-GIT.
OCTAVIE ZELIA LENOIR, Fille
D'ALEXANDRE LENOIR
Administrateur du musée
Impérial des monumens français,
Décédée à l'age de 18 ans
Le 21 Janvier 1813.

Bonne Zélia repose en paix.
ton père ta mère et tes amis
ne toubliront jamais
ils t'aimeront toujours.

Adélaïde Binart ta mère
te consacre ce monument
dans sa douleur.

CIMETIÈRE DE VAUGIRARD.

PLANCHE 43.

TOMBEAU DE MADEMOISELLE ZÉLIA LENOIR.

CE monument se voit à droite, lorsqu'on entre par la porte du Petit-Vaugirard. Il est adossé au mur de la ruelle. Sa forme est celle d'un piédestal carré, en pierre, avec socle et base. Il est décoré d'une table saillante, incrustée dans la pierre, en marbre blanc veiné, sur laquelle est gravée l'inscription en lettres d'or. Les ornemens de cette table sont en bronze. Le piédestal est surmonté d'un socle en marbre blanc de Carrare, sur lequel est posée une urne d'un marbre brun *africain*. Cette urne est couronnée par un amortissement, d'où s'échappe une flamme dorée, symbole de l'immortalité. Sur la droite du socle de l'urne, on lit cette inscription :

Dors, ZÉLIA :
Sommeil ou bonheur,
C'est la même chose.

Sur la gauche du même socle, on lit :

Bon jour, ZÉLIA !
Ton père, ta mère, tes amis,
Te saluent.

Les couronnes, la guirlande, le bocal de fleurs sont des offrandes des parens et des amis de Zélia. Un beau saule pleureur et des arbustes, toujours verts, ombragent de leurs rameaux le sépulchre de cette fille chérie. Le petit jardin, très-bien soigné, et le silence du lieu invitent le spectateur à une rêverie mélancolique. Le tout est fermé d'un treillage.

CIMETIÈRE DE Ste-CATHERINE,

FAUBOURG SAINT-MARCEL.

PLANCHE 44.

TOMBEAU DE M^r. ET MADAME BELLE.

Ce tombeau, qui est construit en pierre, a la forme d'un piédestal carré, à oreillons. Il n'a pas d'autre ornement qu'un renfoncement rond, dans lequel on a sculpté, en relief, le profil de deux têtes, avec un crayon et un pinceau.

Sur la face opposée, on lit :

> Pour conserver les jours de leurs enfans,
> Ils auraient sacrifié les leurs.

Au-dessous de cette inscription, on voit un renfoncement carré, dans lequel on a sculpté un pélican, qui se saigne pour alimenter ses petits.

Au-dessous, on lit cette inscription :

> A. M. J. F. Belle, leur fils aîné,
> Mort à treize ans.

à gauche, on lit :

> Ce simple monument
> De la reconnaissance
> Et de la piété filiale,
> Fut érigé, en 1809,
> Par Aug. L. Belle, peintre,
> M. Ad. N. Belle, veuve de P. F. Chambry,
> P. L. Chambry,
> A. M. F. Chambry, femme de A. F. Michelin,
> Et Aug. M. P. Chambry,
> Leurs enfans
> Et petits-enfans.

VIVANT,

DE TOUS·HONORÉ·ET CHÉRI

MORT,

DE TOUS REGRETTÉ

ICI REPOSE
Ch.les Alex.dre Guillomot
Membre de l'Academie
d'Architecture
Adminis.tr de la Manufac.ture
Imperial des Gobelin
Inspecteur Général
des carrieres, sous Paris
mem.re de la légion d'honneur
né à Stokholm le 6 fevrier
1730
décédé le 7 août
1807

CI-GIT

LE MARÉCHAL NEY.

DUC D'ELCHINGEN.

PRINCE

DE LA MOSKOWA

Décédé le 7 décembre
1815.

DESCRIPTION
DE TOMBEAUX.

Planches 45, 46, 47, 48.

CIMETIÈRE DE MONT-LOUIS.

Planche 45.

TOMBEAU DU MARÉCHAL NEY.

Dans l'origine, ce tombeau était situé près du mur de clôture, entre le quinconce et la superbe allée de charmilles que l'on a détruite. Avant l'exhumation de ce maréchal et de son beau-père, M. Auguier, administrateur général des postes, les tombeaux de l'un et de l'autre étaient semblables. Ils avaient la forme d'un piédestal carré, en pierre et à oreillons, et de belles proportions. Le tombeau du maréchal était, chaque jour, orné de plusieurs couronnes. La terre, enfermée dans une balustrade, était incessamment jonchée de fleurs et ombragée de lugubres cyprès.

Sur le tombeau de M. Auguier, on lisait cette inscription, qui donne une juste idée du caractère de cet administrateur :

A la mémoire
de
M. Pierre-César AUGUIER ,
Administrateur général des postes ,
Né à Figeac,
Le 25 décembre 1738 ,
Et décédé à Paris , le 11 septembre 1815.

Paix éternelle à l'homme juste
Qui a évité le mal
Et fait le bien ,
Autant qu'il a été en son pouvoir.

Ce modeste monument
Lui a été élevé par ses enfans.

Après avoir été exhumées , les dépouilles du maréchal et de MM. Auguier et Gamot ont été inhumées dans le caveau de famille qui est érigé sur le plateau où s'élève le monument du maréchal Masséna, et sur la ligne où celui-ci repose, ainsi que le maréchal Lefèvre et d'autres braves de l'armée. Ce caveau n'a rien de remarquable. Un tapis de gazon couvre la superficie du terrain. Il y avait naguères un laurier à chaque angle et des fleurs au pourtour. L'ouverture , qui se trouve à fleur du terrain , est fermée par une pierre à chassi , entourée d'une balustrade en fer, d'environ cinq pieds de haut.

Le maréchal NEY, duc d'Elchingen, prince de la Moscowa, naquit à Sarrelouis, le 10 janvier 1769. Du rang de simple soldat, il parvint, de grade en grade, par son intelligence et sa bravoure, jusqu'à la première dignité de l'armée. Il serait trop long d'énumérer tous les combats où il se distingua, soit comme subordonné, soit comme général. Il était déjà célèbre, lorsqu'en 1800, à l'armée de Moreau, il prit une part glorieuse aux victoires de Moëskirch et de Hohenlinden. Elchingen, Inspruck, Iéna, Magdebourg, Thorn, Friedland ; les bords de l'Ebre, du Tage, de la Moscowa, de la Bérésina, et les plaines de Lutzen et Bautzen furent successivement le théâtre de sa valeur et de sa gloire. . . . . Mort le 7 décembre 1815 ! . . . . Si l'on arrache une ou deux des dernières pages de sa vie, tout le reste immortalise sa mémoire.

CIMETIÈRE DE MONTMARTRE.

PLANCHE 46.

TOMBEAU DE MONSIEUR, DE MADAME ET DE MADEMOISELLE LARMOYER.

CE monument se voit à gauche, en entrant, et près de la grande porte du cimetière. Il est construit en pierre de liais, en forme de sarcophage, avec fronton et oreillons. L'épitaphe de M. LAR-

MOYER est gravée sur un marbre blanc, incrusté dans le fronton de la principale face. Sous la corniche qui supporte le fronton, est une autre table de marbre blanc de quatre pieds et demi de long, sur sept pouces de large, incrusté à fleur de la pierre. On y a gravé une inscription latine, au dessous de laquelle, et dans toute la longueur du monument, on admire un superbe bas-relief, dont la composition se rapporte parfaitement au sujet. Il représente madame LARMOYER éplorée, le coude du bras gauche appuyé sur le chevet du lit de mort de son époux, et entourée de ses quatre enfans, trois garçons et une fille, hélas! fort jeunes encore, dont l'attitude exprime bien la profonde affliction. Au pied du lit, le génie de l'hymen, tient, de la main droite, une couronne de roses, et de l'autre, le flambeau de la vie renversé.

Traduction de l'inscription latine qui se trouve au-dessus du bas-relief :

> Ainsi la mort ravit, à l'improviste,
> L'époux à l'épouse,
> Le père à ses enfans,
> Et, du lit nuptial,
> L'entraîne vers la tombe.

Sur la face opposée au monument, on lit l'inscription suivante, gravée sur un marbre noir, granit de Flandre, formant table renfoncée :

> La parque inflexible et jalouse,
> Sourde à tous nos gémissemens,

Ravit l'époux à son épouse ;.
Ravit le père à ses enfans.
Malgré l'amour qui le protège ,
L'irrévocable arrêt du sort
L'entraîne, avec un noir cortège ,
Du lit d'hymen au lit de mort.

Au pied de la face principale de ce monument ,
on a placé la tombe de madame LARMOYER ,
sur laquelle on lit cette inscription , en langue
latine :

Epitaphium
Franciscæ Melaniæ
Hésèque , orbæ
Joannis Andreæ Antonii
Larmoyer ,
Mortuæ die trigesimo
Altero mensis augusti ,
Anno millesimo
Octingentesimo sexto.
XXXI août MDCCCVI.

Dira virum et filiam sponsæ mors abstulit orbæ ;
Nunc filiæ mater , sponsa reducta viro.

Traduction de cette épitaphe :

ÉPITAPHE
De FRANÇOISE-MÉLANIE HÉSÈQUE ,
Veuve
De JEAN-ANDRÉ-ANTOINE LARMOYER ,
Décédée le 31 du mois d'août 1806.

La cruelle mort
A ravi un époux à son épouse ,
Une fille à sa mère.
Aujourd'hui
La mère est réunie à sa fille ,
Et l'épouse à son époux.

Sur la tombe qui se voit au pied de la face opposée , on lit cette épitaphe :

ÉPITAPHE
de
Mélanie-Joséphine LARMOYER ,
Décédée le 23 mai 1806.

Je n'ai vécu qu'un jour : je naquis le matin ;
Sur le midi , j'étais à peine éclose ;
Un déclin trop hâtif vint finir mon destin ,
Et j'ai tombé , le soir , comme une rose.

Heu ! præceps fatum subitò mea fata resolvit ,
Mî fuit una dies miseræ ; mihi sol fuit unus !
Nascens nascentem medius vix vidit apertam ,
Vergentem vergens ; rosa vespere fracta recessi.

Sur ces deux tombes , on a gravé en tête , pour
ornement , une étoile , et , de chaque côté des
inscriptions , une torche funéraire renversée ; au
pied , un lacrymatoire. Ce monument est ombragé
par des peupliers , et entouré d'une balustrade
en fer.

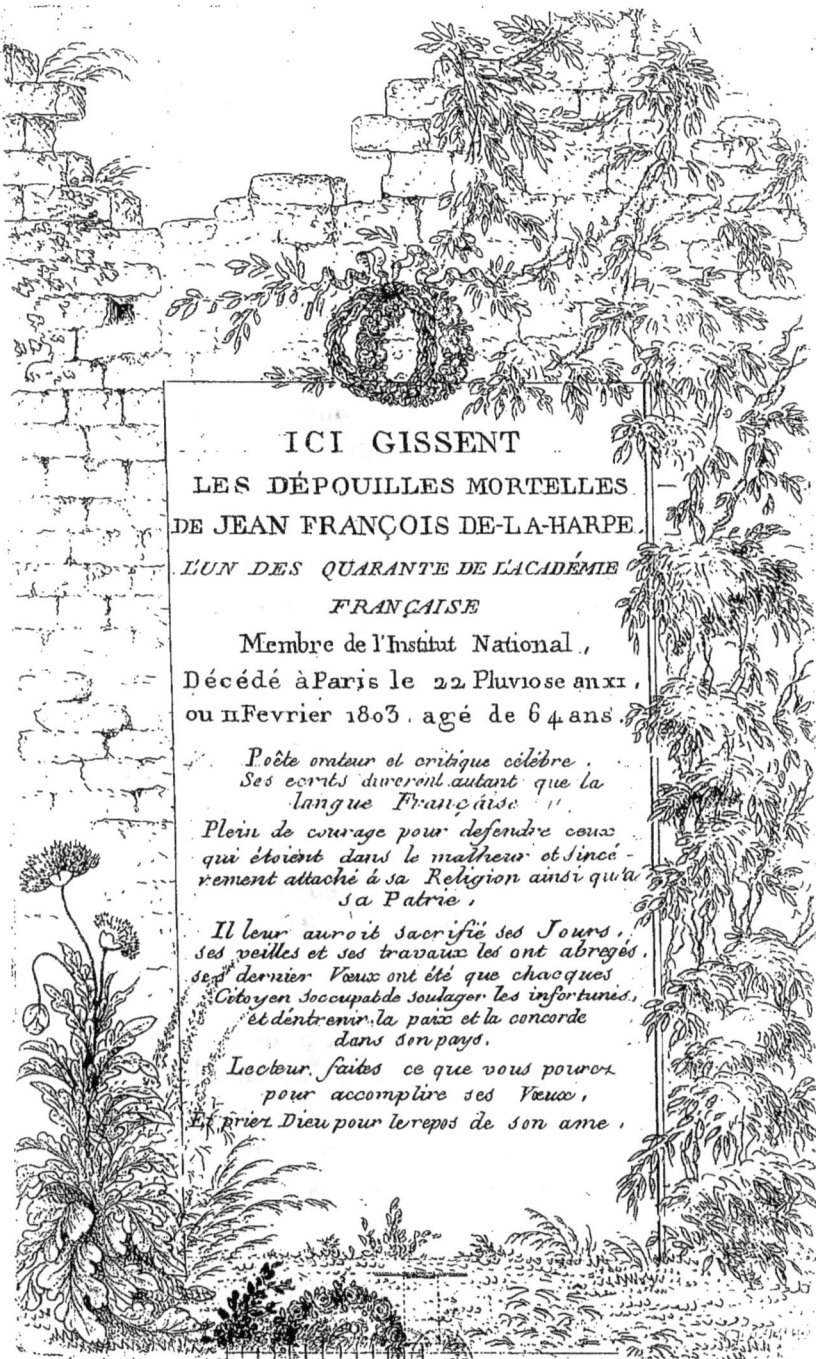

ICI GISSENT

LES DÉPOUILLES MORTELLES

DE JEAN FRANÇOIS DE-LA-HARPE,

L'UN DES QUARANTE DE L'ACADÉMIE

FRANÇAISE

Membre de l'Institut National,

Décédé à Paris le 22 Pluviose an xi,

ou 11 Fevrier 1803, agé de 64 ans.

Poête orateur et critique célébre,
Ses écrits dureront autant que la
langue Française.

Plein de courage pour défendre ceux
qui étoient dans le malheur et sincé-
rement attaché à sa Religion ainsi qu'à
sa Patrie,

Il leur auroit sacrifié ses Jours,
ses veilles et ses travaux les ont abregés.
ses dernier Vœux ont été que chacques
Citoyen s'occupat de soulager les infortunés,
et d'entretenir la paix et la concorde
dans son pays.

Lecteur, faites ce que vous pourez
pour accomplire ses Vœux,
Et priez Dieu pour le repos de son ame.

CIMETIÈRE DE VAUGIRARD.

PLANCHE 47.

TOMBEAU DE LA HARPE.

Ce monument se voit à droite, en entrant par la porte du Petit-Vaugirard. Il se compose d'une dalle en pierre de liais, de cinq pieds de haut sur deux pieds et demi de large ; il est adossé au mur de clôture de la ruelle. Il a été élevé par les soins de M. Boulard, ancien notaire, législateur et homme de lettres, ami intime de LA HARPE.

Les lecteurs ne nous sauront pas mauvais gré de leur avoir mis sous les yeux quelques traits du testament de ce célèbre critique, tel que le rapporte M. Boulard, dans une lettre adressée au rédacteur du Moniteur, en mai 1814.

« Je lègue deux cents francs aux pauvres de ma paroisse. Ce que je laisserai étant peu de chose, il ne m'est pas possible de faire davantage pour cette classe qui est si à plaindre. J'engage chaque Français à se rappeler que la religion lui fait un devoir sacré de soulager les indigens, et de contribuer, autant qu'il lui est possible, à adoucir le sort des infortunés. . . . . Je supplie la divine Providence d'exhausser les vœux que je forme pour le bonheur de mon pays. »

« Depuis Voltaire, dit M. Boulard, dans la lettre précitée, LA HARPE a été l'écrivain qui a eu une plus grande variété de talens, et qui s'est exercé avec plus de succès, dans un grand nombre de genres.

» Son *Cours de Littérature* sera un monument éternel de l'étendue de ses connaissances, de la pureté de son goût, ainsi que de son courage, qui n'a pu être affaibli, ni par les infirmités, ni par la vieillesse. »

CIMETIÈRE SAINTE-CATHERINE,

FAUBOURG SAINT-MARCEL.

PLANCHE 48.

TOMBEAU DU FILS BIEN-AIMÉ.

ON voit ce monument, en entrant, à droite. Il est adossé au mur de clôture, à quelque pas de la chapelle. Son ensemble se compose d'une dalle de pierre, de six pouces d'épaisseur, et forme une estrade, sur laquelle est posée une urne d'une bonne proportion. Cette urne a, pour ornement, une couronne de feuilles de lierre naturel, symbole du plus tendre attachement. Le tombeau est dans l'ombre épaisse de gros thuyas de la Chine; ce qui, avec l'inscription, présente un sens mystérieux.

ICI REPOSE

Le fils le plus aimé
et le plus regretté

C. P. Arnaud

A LA MÉMOIRE.
DE
MARIE PIERRE JOSEPH
THIAN.
PEINTRE EN BÂTIMENT.
DU DÉPARTEMENT DE LA SEINE
ET DE LA VILLE DE PARIS.
RECOMMANDABLE PAR SON INTÉGRITÉ,
SON DÉSINTÉRESSEMENT, SA BIENFAISANCE.
SES PARENTS, SES AMIS AFFLIGÉS,
ONT ÉRIGÉ CE MONUMENT
DE LEURS AFFECTION,DE LEUR ESTIME,
DE LEURS ÉTERNELS REGRETS.
L'an XIII. 1805.
PUISSENT SES VERTUS
AVOIR DE NOMBREUX IMITATEURS!

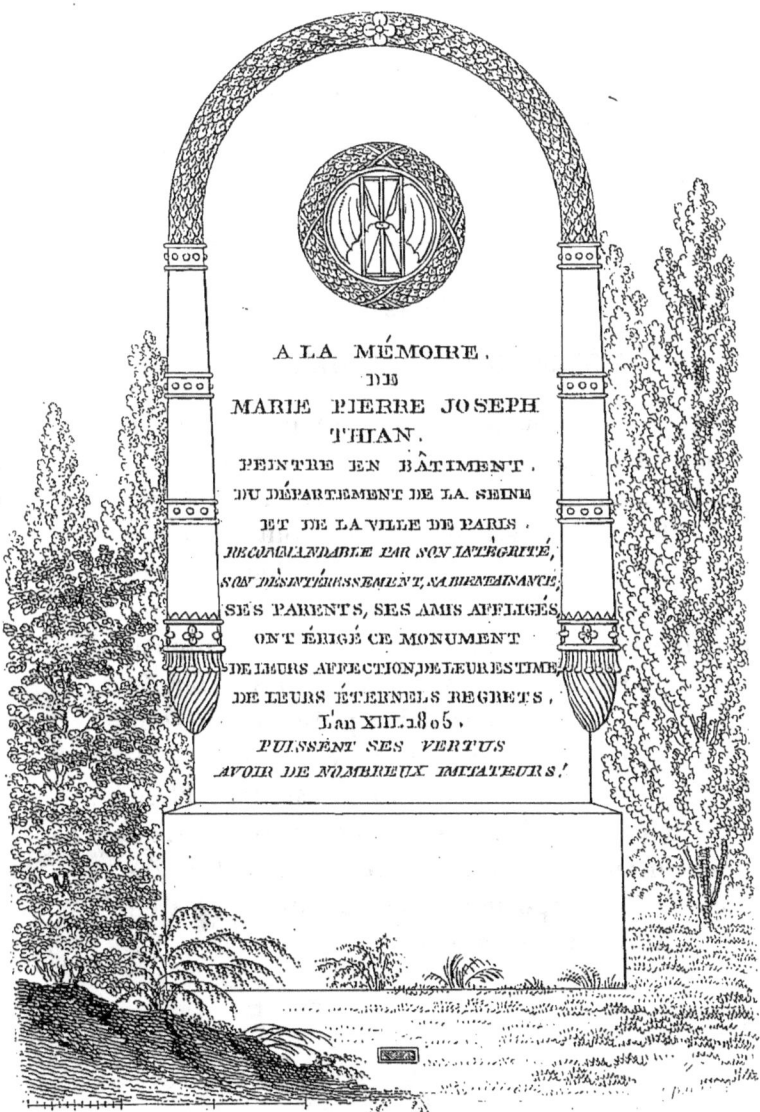

DESCRIPTION
DE TOMBEAUX.

PLANCHES 49, 50, 51, 52.

CIMETIÈRE DE MONTMARTRE.

PLANCHE 49.

TOMBEAU DE M. THIAN.

CE tombeau, construit en pierre, est le premier qu'on voit à gauche en entrant. Sa forme est celle d'un cipe. Sa partie supérieure est ornée d'une guirlande de feuilles de chêne, dont les deux extrémités viennent s'appuyer sur deux torches funéraires, flanquées aux angles, et qui, après avoir été faites au tour, ont été ensuite sculptées et artistement ajustées avec des broches de fer. Le milieu de la partie circulaire présente un rond creux, entouré d'une couronne de feuilles de chêne, et dans le milieu duquel est un sablier, orné, de chaque côté, d'ailes de chauves-souris, qui représentent la nuit des tombeaux; le tout est d'une belle proportion. Une balustrade en treil-lage en forme l'enceinte.

3

MÊME CIMETIÈRE.

PLANCHE 50.

TOMBEAU DE MADAME DE GETTO.

En descendant par le chemin en face de la porte,
on trouve d'abord, à droite et sur le bord du chemin, ce tombeau qui est construit en pierre. Il a
la forme d'un beau sarcophage carré, dont les
encognures sont flanquées de pilastres *poestum*,
sur lesquels est posée une corniche architravée, et
un fronton à oreillons, surmonté d'une urne d'un
beau marbre brun. Les tables renfoncées sur lesquelles on a gravé les inscriptions en lettres d'or,
sont en marbre noir, et les croix des faces latérales
d'un marbre d'agathe orientale. Les arbres du
voisinage donnent à ce monument un aspect vrai-
ment pittoresque.

CIMETIÈRE DE VAUGIRARD.

PLANCHE 51.

TOMBEAU DU JEUNE PRINCE DE CROY.

Ce monument, qui est en pierre, se voit à gauche,
lorsqu'on entre dans le cimetière par la barrière
de Vaugirard. Sa forme est celle d'un tombeau
antique.

CI-GIT

Adolphe Josephe Emmanuel de CROY Prince du Saint Empire
Fils d'Emanuel Marie Maximilien Prince de CROY et du Saint Empire
D'Adélaïde Marie Louise Justine Josephine,
Née princesse de CROY D'havre et du Saint Empire, son Epouse,
Née à Aix la chapelle le 22 Aout 1799.
Agé de douze ans et demi,
Décédé à paris rue du Bac N° 355.
le 7 Mai 1803 17 Floréal,
An 11.

A L'IMORTELLE MEMOIRE
DE DAMME MARIE ANNE DE CETTO NÉE CAZIN

Excellente épouse, mère tendre
Sans cesse remplie des devoirs envers Dieu, et ses semblables

Elle oublia le soin de sa propre vie dans les occupations
pour le bonheur de sa famille ;
Son époux et ses enfants ont fait élever ce monument
de leurs amour et de leurs pieté-filial :

Née à Rheims. le 8 Avril 1767. mariée à Paris le 21 juin 1784.
Décédée à paris le 24 juin 1811.
Epouse de l'envoyé extraordinaire et ministre plenipotentiaire
de S. M. Maximilien joseph Roi de Bavière
près S. M. NAPOLEON. I Empereur des François et Roi D'italie.

ICI REPOSE

Dominique Alexandre Bertaux,
Fils de Jacque Bertaux
et de Cécile Françoise Lunerman
son frere Louis Jacque Bertaux
et sa Sœur Luce Emilie Toulongeon
ont con sacrés ce marbre
à sa mémoire
et à leurs regrets.

Né le 10 Août 1777.
Décédé le 13 Ventose
An XI de la Republique.

C.P. Arnaud
C.P. arnaud

A quelque pas derrière cette sépulture, on voit une petite dalle de pierre d'une forme carrée, et scellée dans le mur. On y lit cette touchante inscription :

Premier nivôse, an 11, 6 heures du matin. (22 déc. 1802.)

LOUISE LEFÈVRE,
Agée de 23 ans,
Victime de la mode meurtrière.

Vertus, grâces, beauté, modestie, âme bonne
Et sensible, la firent estimer et chérir.
Repose en paix, ô ma LOUISE !
Six ans de bonheur... comme un éclair
Se sont écoulés.
Morte à tous les yeux
Tu vivras dans mon cœur.

Et Rose elle a vécu ce que vivent les roses.

Une branche de rosier dont la fleur est tranchée, et une flèche rompue, sont gravées sur cette pierre.

CIMETIÈRE DE STE-CATHERINE,
FAUBOURG SAINT-MARCEL.
PLANCHE 52,
TOMBEAU DU JEUNE BERTHAUX.

Ce petit monument, élevé par la tendresse à un fils chéri, se compose d'un socle en pierre, surmonté d'un autre socle en marbre blanc, veiné, et ombragé par un groupe de grands saules pleureurs, qui lui donnent un effet très-pitto-

resque. On le voit dans le premier renfoncement
à gauche, près le mur du fond.

A droite du deuxième socle, on a gravé le portrait de ce jeune homme, de profil et au trait, et
sur le côté gauche, des attributs de peinture et de
musique.

Derrière on lit ces mots :

> Comme une fleur tombée avant l'été,
> Il vécut peu d'instans et mourut regretté.

TOMBEAU DE MADAME DUBOCAGE.
(*Suite.*)

Lorsque madame DUBOCAGE partit pour Rome,
Voltaire lui adressa les vers suivans :

> Allez au Capitole, allez, rapportez-nous
> Les myrtes de Pétrarque et les lauriers du Tasse ;
> Si tous deux revivaient, ils chanteraient pour vous.
> En voyant vos beaux yeux et votre poésie,
> Tous deux mourraient à vos genoux
> Ou d'amour ou de jalousie.

Voici d'autres vers adressés à madame DUBOCAGE,
par le poète de Ferney :

> J'avais fait un vœu téméraire
> De chanter un jour, à la fois,
> Les grâces, l'esprit, l'art de plaire,
> Le talent d'unir sous ses lois
> Les dieux du Pinde et de Cythère.
> Sur cet objet fixant mon choix,
> Je cherchais ce rare assemblage.
> Nul autre ne put me toucher ;
> Mais je vis, hier, DUBOCAGE,
> Et je n'ai plus rien à chercher.

. . . . Elle rappelait mademoiselle
de Scudéry, qu'on avait vue, en 1671, remporter
un pareil prix à l'académie française ; mais elle
n'avait, avec cette vieille muse, que ce seul trait
de ressemblance ; aussi lui adressa-t-on le ma-
drigal suivant :

> D'Apollon , de Vénus , réunissant les armes ,
> Vous subjuguez l'esprit , vous captivez le cœur ,
> Et Scudéry jalouse , en verserait des larmes ;
> Mais , sous un autre aspect, son talent est vainqueur :
> Elle eut celui de faire oublier sa laideur.
> Tout votre esprit n'a pu faire oublier vos charmes.

Lorsqu'elle eut publié *le Paradis terrestre* ,
imitation du *Paradis perdu* , de Milton , Voltaire
lui adressa ces jolies stances :

> Milton , dont vous suivez les traces ,
> Vous prête ses transports divins.
> Eve est la mère des humains
> Et vous êtes celle des Grâces.
>
> Comment n'eût-elle pas séduit
> La raison la plus indomptable !
> Vous lui donnez tout votre esprit :
> Adam était bien pardonnable.
>
> Elle le rendit criminel ,
> Et vous méritez nos louanges ;
> Eve séduisit un mortel ,
> Et vous auriez séduit les anges.

Madame Dubocage mit le sceau à sa renommée
littéraire par *la Colombiade*, poème en dix chants,
et ce fut par cet ouvrage qu'elle termina sa carrière poétique.

On a aussi , de cette femme célèbre , la tragédie des *Amazonnes*, dont la chute rappela celle de *Genséric* , par madame Deshoulières. A ces productions poétiques, il faut ajouter des *Mélanges ; en vers et en prose* , traduits de l'anglais ; *quelques Traductions de l'italien ;* des *Voyages en Hollande , en Angleterre et en Italie.*

Quelques années avant sa mort , l'auteur des *Lettres à Emilie , sur la Mythologie ,* lui adressa les vers suivans :

On regrète le temps passé sans vous connaître :
Combien on eût joui d'un commerce si doux !
Il semble que plus tôt on aurait voulu naître
Pour avoir le bonheur de vieillir avec vous.

Lorsque , vers son déclin , le soleil nous éclaire ,
L'éclat de ses rayons n'en est point affaibli.
On est vieux à vingt ans , si l'on cesse de plaire ;
Et qui plait à cent ans , meurt sans avoir vieilli.

CIMETIÈRE DE MONTMARTRE.

TOMBEAU DE MARIANO.

A la droite du spectateur du tombeau de Zélia , et tout près , on en voit un autre, dont la structure est à peu près la même , et qui n'en est séparé que par le même treillage. Ce monument est bien exécuté. Le petit jardin est bien entretenu. Il est planté d'arbustes verts , et le saule pleureur de

Zélia y étend même ses rameaux et son ombre.
Un treillage, avec tout ce qui l'entoure, est soigné
par un ami intime de Mariano, et peut-être l'amant
de sa sœur, que, dans son cœur, il avait choisie
pour épouse. Je l'ai vu souvent orner ce tombeau
de couronnes, et le jardin de fleurs. Comme sculp-
teur, c'est lui qui a fait la sculpture et ériger ce monument à la mémoire de trois personnes qui lui
étaient chères. Il m'a dit que, si jamais la fortune
lui était favorable, et lui permettait un jour de se
retirer à la campagne, il transporterait avec lui
les cendres de ses amis, pour leur élever un monument pittoresque, digne expression de l'amitié
tendre qu'il avait pour eux.

On lit sur l'urne :

> Ils sont réunis
> Pour l'éternité.

sur le socle :

> A l'amitié !

sur le même socle, à gauche :

> A l'innocence !

et sur la droite :

> A la beauté !

Sur le grand socle qui supporte l'urne, on lit :

> Santi-Giosi, dit MARIANO,
> Agé de 22 ans,
> Talcétateur romain.

à gauche , sur le même socle :

J. B. S. Jules MUNERET ,
Agé de 7 ans ,
Neveu de Mariano ,
Fils de M. Muneret ,
Peintre en miniature.

et à droite , sur le même socle :

M. H. Fortunée GIOSI ,
Agée de 16 ans ,
Née à Rome ,
Sœur de Mariano.

Sur la table saillante en marbre , on lit :

Ames sensibles ,
Versez une larme sur cette tombe :
Elle renferme les corps
De trois infortunés ,
Asphixiés par la vapeur du charbon.
Cet événement funeste
Arriva le 19 octobre 1813 ,
Et laissa dans l'abandon
Et la plus profonde douleur
Une mère et deux sœurs
Dont Mariano était le soutien
Et faisait la félicité.
Ses vertus et ses rares talens
L'avaient rendu cher
A ses camarades d'atelier
Du musée Napoléon ,
Et du musée des Monumens français ,
Qui lui ont érigé ,
Ainsi qu'à son aimable sœur
Et à son malheureux neveu ,
Ce monument
Faible marque de leur éternel souvenir.

TOMBEAU
DE LA FAMILLE BONNOMET

C.P Arnaud

DESCRIPTION
DE TOMBEAUX.

PLANCHES 53, 54, 55, 56.

CIMETIÈRE DE MONT-LOUIS.

PLANCHE 53.

TOMBEAU DE LA FAMILLE BONNOMET.

POUR arriver à ce tombeau, on va droit, dès l'entrée dans le cimetière, jusqu'au chemin de *la fidèle*. Quand on s'y est avancé de quelques pas, on le voit sur la gauche, à moitié enfoncé dans un bosquet de lilas, qui lui donne un caractère tout romantique. Dans la belle saison, le parfum des fleurs et les doux accens du rossignol invitent les curieux à y prolonger leur station.

Ce monument a la forme d'une pyramide d'un bon style. Il s'élève au-dessus d'un caveau qui renferme les restes d'une jeune personne de quinze ans et demi, dont la mère fut attaquée d'une cruelle maladie, pour l'avoir pleurée pendant l'es-

4

pace de huit ans, Ce tombeau est le premier de ce genre, qui ait été construit dans le cimetière de Mont-Louis. La porte en serrurerie, revêtue de tole à compartimens et en couleur bronzée, est aussi une des premières qu'on ait vues dans cette enceinte. L'ouverture articurge et la porte sont ajustées avec goût. (L'épitaphe est à la gravure ci-contre.)

MÊME TOMBEAU.

Planche 54.

Cette planche représente la face latérale de ce tombeau, sur laquelle est gravée l'épitaphe des personnes qu'il renferme.

MÊME CIMETIÈRE.

TOMBEAU DU MARÉCHAL KELLERMANN.

Ce tombeau est semblable à celui de madame la duchesse, qui se trouve accouplé et entouré d'une balustrade à barreaux droits, surmonté de chardons dorés, excepté qu'on a ajouté à chaque extrémité du rempant du fronton, un oreillon sur lequel on a sculpté des palmettes à cosse ; sur la pointe du dit fronton on a posé un amortissement sur lequel on a sculpté le même ornement ; dans le timpan dudit fronton on a sculpté un sablier ailé ; ces mêmes ornemens sont actuellement ajou-

ICI
REPOSENT
DAME MARIE.
ADELAIDE.
LAPERRIERE,
EPOUSE DE MONSIEUR
BONNOMET

Ancien avocat au parlement
et notaire honnoraire de paris.
membre du collège électoral
du 1er arrondissement de la même ville.

et du conseil général du département
de la seine, Administrateur des Tontines.
Décédée le 3 juin 1809. agée de 41 ans.

fille respectueuse,
mère trop tendre,
épouse accomplie
son cœur fut le siège de toutes les vertus
elle pleura pendant huit ans la perte de sa fille.

une maladie cruelle, suite du chagrin
mit fin à sa douleur et à sa vie,
Epoux et mère donnez quelques larmes à son sort.

Elisabeth marie. Bonnomet sa fille
Décédée le 13. septembre 1801. agée de 15. ans et demi
transférée dans ce tombeau le 11. janvier. 1810.

la natur et les arts la pleurent à l'envi.

tés au tombeau de madame la duchesse, et en place de l'urne en marbre blanc, on a placé un médaillon rond en marbre blanc, qui représente en relief et de profil le portrait du Maréchal. Le rétable du tombeau n'est pas armorié comme celui de madame la duchesse, le reste est exact. Voyez la 3ᵉ livraison, planche 9ᵉ du premier volume, et le plan pour y arriver.

Sur la table saillante du contrerétable en marbre noir, sur lequel est gravée l'épitaphe en lettres d'or, on lit :

Le Maréchal de KELLERMANN,
Duc de Valmy, pair de France,
Né à Strasbourg, le xxviii mai MDCCXXXV,
Mort à Paris, le xiii septembre MDCCCXX.

Christophe DE KELLERMANN, né à Strasbourg en 1735, servait dès 1752. Avant la révolution, il occupait dans l'armée des grades supérieurs. Il avait dû son avancement à son talent, à son zèle, à son amour pour la discipline. Cet amour pour la discipline devait, au moment de la révolution, s'exercer avec un nouveau discernement, lorsque les principes de la liberté qui s'introduisait en France, étaient accusés de licence par nos ennemis. Commandant en chef l'armée de la Sarre, Kellermann fut dans le cas de poser les véritables règles qui doivent conduire les supérieurs comme les inférieurs, dans un pays qui devient libre, et où l'armée elle-même ne peut plus être considérée comme un ramas d'esclaves obéissant aveuglément au pouvoir arbitraire. Les officiers de plusieurs corps avaient infligé des peines injustes aux soldats qui prenaient part à quelques assemblées populaires. Dans un rapport, plein de sagesse et de patriotisme, KELLERMANN blâma hautement ces officiers ; ils ne pouvaient avoir raison , ceux qui avaient mérité le blâme de KELLELMANN , regardé comme le premier ami de l'ordre et le plus sévère observateur de la discipline.

En 1791 , le général de l'armée de la Sarre était à Landau ; les habitans de cette ville pénétrés de reconnaissance pour ses services publics et ses procédés particuliers envers la ville, lui offrirent une couronne civique. C'était l'époque où une feuille de chêne était mise audessus des couronnes d'or. KELLERMANN, en acceptant cette récompense décernée par le patriotisme, dit avec modestie : « Je n'ai fait que mon devoir en servant la chose publique. »

Le roi de Prusse et ses bataillons ayant pénétré dans les plaines de Champagne, en 1792, Dumouriez, resserré par les Prussiens et les Autrichiens réunis, se trouvait dans la position la plus critique. KELLERMANN, avec vingt-deux-mille hommes, arrive rapidement à son secours, soutient le choc, et le 19 septembre, il prend position à la gauche de Dumouriez.

Le 20 septembre, les Prussiens continuaient à s'avancer en bon ordre: notre armée, composée de troupes de lignes et de quelques bataillons de nouvelle levée, les attendait de pied ferme. Le général KELLERMANN voyant cette bonne contenance, met son chapeau sur la pointe de son sabre, et l'élevant en l'air, s'écrie: vive la Nation ! aussitôt ce cri se répète dans tous les rangs, avec le plus vif enthousiasme, tous les chapeaux sont agités en l'air sur la pointe des bayonnettes et des sabres. Ces cris unanimes, ce spectacle inattendu, frappent l'ennemi dont les colonnes étonnées s'arrêtent. *La victoire est à nous mes enfans !* s'écrie de nouveau le général KELLERMAN, et à l'instant il fait tirer le canon. La tête des colonnes prussiennes est ébranlée, leur flottement annonce du désordre, et bientôt de nouvelles décharges forcent l'ennemi de renoncer à son attaque.

C'est ainsi qu'après avoir, dans la journée du 20 septembre, résisté avec ses vingt-deux-mille hommes aux attaques réitérées de plus de quatre vingt-dix-mille Prussiens, KELLERMANN les obligea de rentrer dans leurs premières lignes, et par la manœuvre rapide et hardie du changement de position qu'il fait dans la nuit du 20 au 21, força l'ennemi à rester dans une situation où les vivres lui manquant, il fut réduit à battre en retraite. Immortelle journée de Valmy ! Tu décidas véritablement qu'il y aurait une France ; et le héros qui a présidé à cette noble journée a bien mérité de l'ajouter à son nom ; il a pu demander que son cœur reposât sur la terre glorieuse sauvée par son courage !

Celui dont l'histoire présente un fait d'armes aussi éclatant, aurait dû mourir le jour même du 20 septembre, et la vie du général eût pu être regardée comme complète ; mais elle n'a pu l'être aux yeux d'un guerrier citoyen , tant qu'il restait quelque chose à faire pour la défense de sa patrie. Aussi les vingt-huit années qu'eut encore à parcourir le général KELLERMANN, présentent-elles une suite de services de la plus haute importance. Lorsqu'il fut militaire , il n'a pas cessé d'être citoyen , et lorsqu'il a été restreint à des fonctions purement civiles , il a doublement prouvé , par la pureté de ses votes , combien il aimait la liberté.

Nota. M. le maréchal KELLERMANN, duc de Valmy, est mort le 13 septembre entre les bras de ses enfans et de son gendre.

Son cœur, ainsi qu'il en avait exprimé la volonté, a

été porté et enterré à Valmy. Voici la lettre que ce vieux guerrier écrivit à ce sujet au maire de cette commune, le 31 juillet 1820.

« Je prie M. le maire de Valmy de m'acheter un petit terrain, contenant deux pieds en carré, pour y inhumer mon cœur après mon décès. Mon fils sera chargé de porter mon cœur, qui ne peut être placé qu'au milieu de mes braves frères d'armes, morts dans la glorieuse journée du 20 septembre 1792, et sous la sauve-garde des braves. »

Le 31 juillet 1820.

CIMETIÈRE DE VAUGIRARD.

PLANCHE 55.

TOMBEAU DE VIRGINIE:

Ô FILLE CHÉRIE !

On voit ce monument à gauche en entrant par la porte du petit Vaugirard. Il se compose d'un cipe en pierre de liais, sur lequel est gravée une belle inscription. La superficie du terrain sur lequel il s'élève, forme un petit jardin très-soigné, qu'embellissent des fleurs et des arbustes toujours verts, et qu'un treillage sépare des tombeaux du voisinage. La mère et les sœurs de Virginie se sont chargées de l'entretien des plantes qui croissent au-dessus de sa chère dépouille.

O FILLE CHÉRIE

Le cœur de ta mère
croit te distinguer
entre cette foule
d'êtres inanimés
tu lui fus ravie
à dix ans!
et huit enfants
qui lui restent
ne peuvent
la distraire
de la perte cruelle
de sa Virginie morte
le 18. avril 1810.

ICI Reposent les cendres de Charles Pichegru, Général en chef des Armées françaises, né à Arbois Dept du Jura, le 16 Février 1761 mort a Paris le 5 Avril 1804 elevé par l'Amitié filiale.

CIMETIÈRE SAINTE-CATHERINE ,

FAUBOURG SAINT-MARCEL.

PLANCHE 56.

TOMBEAU DU GÉNÉRAL EN CHEF PICHEGRU.

Le monument où reposent les restes de ce grand capitaine, se voit en entrant, en face de la porte du cimetière. Il a la forme d'un sépulcre antique, dont le couvercle forme, à sa partie supérieure, un amortissement sur lequel est posé une sphéroïde ou ovale de ronde bosse, où l'on a gravé deux petits sabres en sautoir, et qui est surmonté d'un casque ; une couronne de laurier orne le devant du tombeau.

Ce monument et l'estrade sur laquelle il est posé, sont construits en pierre, et ombragés par un gros saule pleureur et un laurier. Les arbres du voisinage forment un paysage mélancolique, au fond duquel on voit le mur du cimetière, et les regards s'élèvent jusqu'au dôme de Ste-Geneviève.

Cette gravure de tombeau, ainsi que toutes les autres, est d'une exacte proportion. La première pierre a été posée par Mlle Élisabeth Pichegru.

C'est donc là que reposent les restes du vainqueur de la Hollande, de ce général en chef, dont un seul exploit aurait immortalisé plusieurs capitaines ! Que le monument qui s'élève en son honneur, par l'amitié de ses anciens compagnons d'armes, et par l'admiration d'un grand nombre de ses compatriotes, soit bientôt terminé pour l'honneur de sa mémoire, pour l'ornement de son pays, et pour l'encouragement des guerriers qui se sentiraient capables de l'imiter !

FRAGMENT.

*Extrait de l'*Épître au peuple, *par Thomas.*

. . . .

Peuple, les passions ne brûlent pas ton cœur,
Le travail entretient ta robuste vigueur.
Hélas! sans la santé que m'importe un royaume.
   On veille dans les cours, et tu dors sous le chaume ;
Tu conserves des sens : chez-toi le doux plaisir
S'aiguise par la peine, et vit par le désir;
Le souris d'une épouse, un fils qui te caresse,
Des fêtes d'un hameau la rustique allégresse,
Les rayons d'un beau jour, la fraîcheur d'un matin,
Te font bénir le ciel et charment ton destin.
Tes plaisirs sont puisés dans une source pure
Ce n'est plus que pour toi qu'existe la nature.
   Qui vécut sans remords, doit mourir sans tourment,
Tu ne regrettes rien dans cet affreux moment,
Plus on fut élevé, plus la mort est terrible,
Et du trône au cercueil le passage est horrible :
Sur l'univers entier la mort étend ses droits :
Tout périt, les héros, les ministres, les rois.
Rien ne surnagera sur l'abyme des âges.
Ce globe est une mer, couverte de naufrages,
Qu'importe, lorsqu'on dort dans la nuit du tombeau,
D'avoir porté le spectre, ou traîné le rateau?
L'on n'y distingue point l'orgueil du diadème ;
De l'esclave et du roi la poussière est la même.
Peuple, d'un œil serein envisage ton sort.
N'accuse point la vie, et méprise la mort.
La vie est un éclair; la mort est un asile ;
Ton sort est d'être heureux ; ta gloire est d'être utile ;
Le vice seul est bas ; la vertu fait le rang ;
Et l'homme le plus juste est aussi le plus grand.

SÉPULTURE DE LA FAMILLE DELADREUE

DESCRIPTION
DE TOMBEAUX.

Planches 57, 58, 59, 60.

CIMETIÈRE DE MONT-LOUIS.

Planche 57.

TOMBEAU DE LA FAMILLE DELADREUE.

Pour arriver à ce monument, on se dirige, en entrant dans le cimetière, à gauche, vers l'avenue des tilleuls. Au bout de cette allée, on se détourne sur la droite et on le trouve le long du bosquet où s'élève le monument de Jacques Delille. Il est construit en marbre, granit de Flandres, et a la forme d'un petit temple de l'ordre *paestum*. Sa toiture, formée de même marbre, est supportée par quatre pilastres ornés de leurs chapitaux. Au

5

dessous de ce monument, qu'entoure une balustrade en fer, est un caveau qui renferme plusieurs
corps, dont voici l'épitaphe principale :

Ici repose
JEAN-CHARLES DELADREUE,
Ancien mnd. épicier-droguiste, à Paris ;
Décédé le 17 janvier 1809,
Agé de 73 ans,
Universellement honoré et chéri
De son vivant ; il emporte la vénéation
Et les regrets.

CIMETIÈRE DE MONTMARTRE.

PLANCHE 58.

TOMBEAU DE MADEMOISELLE CÉCILE.

CE tombeau se voit dans le fond du vallon qui
fait face à la principale porte. Il est en pierre,
d'une belle forme, et a bien l'aspect d'un monument funéraire. Un massif de lilas le couvre de
son ombrage, et lui donne une teinte aussi agreste
que lugubre. C'est bien là la nuit du tombeau.

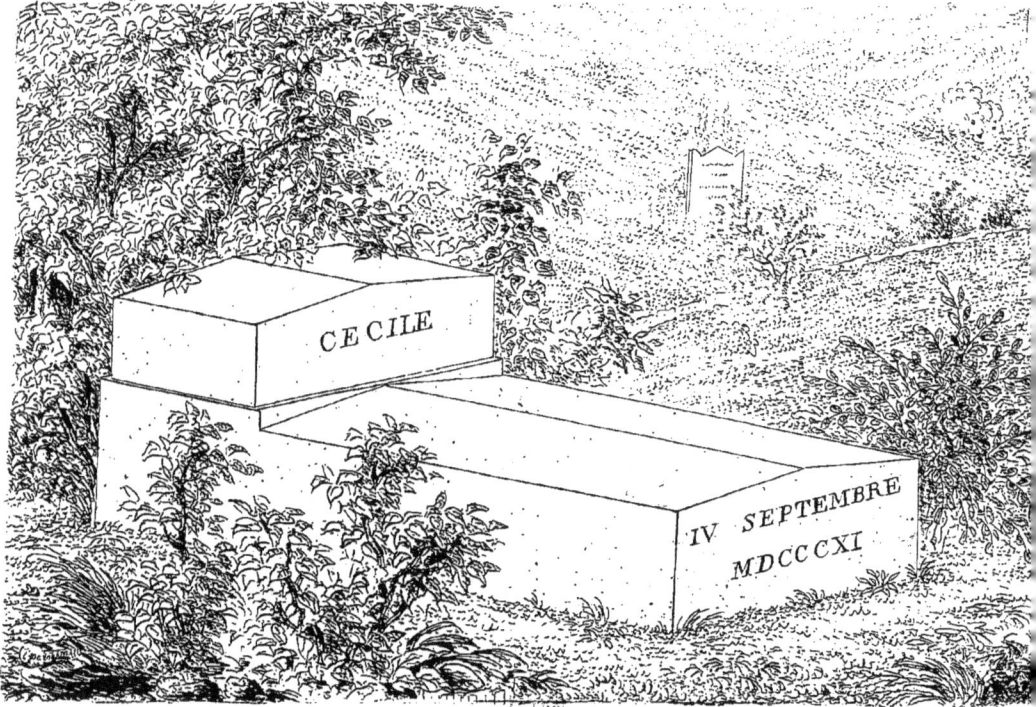

CECILE

IV SEPTEMBRE
MDCCCXI

A deux Epoux
Qui avaient promis
de ne jamais se quitter

prie pour eux

CI GIT.

Marie-Sophie de BOURGE, Née le 22. Juillet 1742,
Mariée à A. F. PEYRE le 24 Fevrie 1772,
Décédée le Premier Fructidor an 11. 19 Aout 1803.

CIMETIÈRE DE MONTMARTRE.

PLANCHE 59.

TOMBEAU DE MONSIEUR ET DE MADAME PAYRE.

CE monument est situé dans le vallon qui est vis-à-vis la porte d'entrée, à droite, en y entrant, et au pied du côteau où il se trouve engagé. Sa forme est celle d'un sarcophage d'un bon style, élevé sur une estrade, et décoré, dans sa partie supérieure, d'une petite corniche à la capucine, architravée. Il est surmonté d'une urne circulaire; le socle qui le supporte et le tailloir qui en fait le couronnement, sont carrés sur leur plan. L'ensemble de ce sépulcre a six pieds et demi de long sur cinq de large.

Un honteux divorce n'a point séparé ces époux pendant leur vie et leurs cendres se confondent après leur mort. Epoux, qui contemplez leur tombe, apprenez, par leur union, à ne jamais rompre les nœuds de votre hymen.

CIMETIÈRE DE VAUGIRARD.

PLANCHE 60.

TOMBEAU DU COMMISSAIRE BLAVIER.

Ce tombeau se voit à gauche, en entrant par
la grande porte du petit Vaugirard. C'est une espèce de sarcophage, construit en pierre, surmonté
d'une dalle et adossé contre le mur de clôture:
sa partie supérieure est ornée d'un sablier
sculpté en relief, dans un renfoncement demi-
circulaire.

SUR LA MORT DE MADAME DE***.

Elle a vécu ce que vivent les roses.

Quelle est, sous l'épaisseur d'un lugubre feuillage,
Cette tombe, où les fleurs s'unissent aux cyprès ?
Quels sont de toutes parts, ces sanglots, ces regrets.
Ce morne désespoir, qu'en secret je partage ?
La pitié me conduit vers ce fatal séjour.
J'y vois, près du tombeau, la plaintive Jeunesse:
Ses cheveux sont épars, une sombre tristesse
Voile ses yeux mourans, qu'importune le jour ;
A ses côtés gémit l'inconsolable Amour....

ICI REPOSE
SOUS CETTE TOMBE
DANS LA PAIX D'UNE AME PURE
LOUIS ANDRÉ BLAVIER
AGE DE 40 ANS.
Commissaire de police
Du dixième arrondissement de Paris
et marguillier de sa paroisse

ICI PLEURONS.

Un bon fils, un bon mari, un bon père,
Un véritable et sincère ami,
Un Citoyen irréprochable,
en fin un Officier public
digne de la confiance du Gouvernement
et de celle des habitans
des arrondissements de sa surveillance
estimé et regretté de tous ;
mort sans fortune,
et légat à ses enfans sa probité
à ses amis, à ses confreres,
le desir de l'imiter.
dans ses fonction, dans ses Vertus,

Monument de reconnaissance,
au frais des habitans
des sections
des Invalides et gros-cailloux
érigé en Decembre 1806.

G

Quel objet nouveau se présente ?
C'est la Reine des Arts, en longs habits de deuil.
Elle approche, soupire, et sa main languissante
Peut à peine graver ces mots sur le cercueil :
» Arrêtez-vous dans ce lieu solitaire ;
» A ce funèbre monument
» Le malheureux redemande une mère,
» Les beaux arts un appui, le monde un ornement....

Ah ! je te reconnais, trop aimable Rosine ?
Tous les cœurs t'ont nommée à ces augustes traits ;
Jouis donc des tributs de ce nouvel empire :
Ton ame parmi nous survit à tes attraits.

 Ombre charmante que j'adore,
Puissent jusques à toi parvenir mes douleurs !
La même muse, hélas ! qui chantait ton aurore :
Veut, lorsque tu n'es plus, te célébrer encore :
Je t'offrais de l'encens, et je t'offre des pleurs.

 O toi, de nos destins souveraine sanglante,
   Inflexible divinité,
Horrible mort ta faulx dans l'ombre étincelante,
Frappe indistinctement, les talens, la beauté ;
Puissai-je, signalant le transport qui m'anime,
De tes avares mains arracher ta victime ?
Puissai-je... vains désirs ! D'effroyables tombeaux,
Des antres inconnus te servent de retraite :
Tu triomphes enfin ; ta rage est satisfaite :
Les jours de nos regrets sont tes jours les plus beaux....
Poursuis, livre aux humains une éternelle guerre,
Mais choisis des objets dignes de tes fureurs ;
Et s'il faut que toujours tu moissonnes la terre,
Otes-lui ses poisons, mais laisses-lui ses fleurs.

CIMETIERE DE MONT-LOUIS.

TOMBEAUX DU MARÉCHAL DE CAMP DE BERMUY,

ET

DU LIEUTENANT DE CAVALERIE DEMÉLITO.

Pour arriver à ces tombeaux l'on prend, en entrant dans le cimetière, la grande allée sineuse à droite. Vous la suivez jusqu'au bout du bocage qui sert de sépulture au ministre Mestrézat, au ministre Rabaut, à madame Cottin et autre protestant. Ce charmant bocage se trouve à gauche près du bord de l'allée. (Voyez sur le petit plan en tête du volume, le n° 35.) Le derrière de ces tombeaux se trouve à droite derrière le petit bocage sur le bord de l'allée.

Ces tombeaux se composent chacun d'une dalle de pierre de liais perpendiculaire d'environ 5 pieds, de haut sur 25 pouces de large. Ces deux monumens sont souvent ornés de couronnes de fleurs d'immortelle ; la totalité du terrain est couvert en partie de gazon et de fleurs de chaque saison, de grands lauriers-roses; des orangers, des grenadiers encaissés font l'ornement de cette sépulture, qui est entourée d'une balustrade à panneaux de croix saint-André, en forte serrurerie, revêtue d'un treillis de fil de fer, lequel est garni de chèvre-feuille, de lilas, de rosiers et autres arbustes. Derrière les monumens, le long de la balustrade, on a planté des lilas et autres arbustes à haute tige.

Cette sépulture est sur un emplacement très-solitaire et d'un silence lugubre; la verdure, l'ombrage, les cyprès mélancoliques, tout vous invite à une douce méditation. Derrière et sur un des côtés de ces monumens on a pratiqué un chemin bordé extérieurement et couvert par des arbres et arbustes d'un ancien bocage au long duquel on a adossé deux bancs à dossier en menuiserie, pour la commodité de la famille et pour celle du voyageur. L'un de ces tombeaux est habité, l'autre, qui est celui du M^{al}. de Bermuy, est vuide, voilà pourquoi l'on le nomme *cénotaphe* (suivant cette étymologie grecque *Kenotaphion*, qui signifie la même chose.) parce que le corps de la personne pour qui il a été élevé a été perdu dans une bataille.

Ces deux monumens n'on pu être gravés dans ce Recueil, parce que celui du M^{al}. DE BERMUY est semblable à celui de Mme. de Durefort (Voyez la planche 3 de la 1bre livraison du 1er volume), et celui du lieutenant DEMELITO est semblable à celui de Mlle Étevé, excepté que dans la partie circulaire de la pierre on a gravé les armoiries de la famille de MIOT DEMÉLITO (planche 80 de la 20me livraison du 2me volume.)

D. O. M.

A la mémoire

D'Auguste-Marie

JAMAIN de BERMUY,

Maréchal de camp,

Major des grenadiers à cheval de la garde,

Chef intrépide

D'une troupe intrépide.

Tué le 18 juin 1815

Sur le champ de bataille de Waterloo :

LA GARDE MEURT ET NE SE REND PAS :

Rosalie-Françoise-Caliste

MIOT DEMÉLITO, sa veuve,

Qu'une même journée

A privée d'un époux et d'un frère,

N'ayant pu réunir sous une même terre

Leurs dépouilles chéries,

A fait élever ce simple monument.

Une fille qui n'a joui qu'un moment

Des caresses d'un père,

Un fils qui ne les a jamais reçues,

Viendront un jour confondre leurs larmes

Avec celles de leur mère.

Vers écrits au crayon sur cette pierre tumulaire.

Il est mort pour la liberté ;

Français, effeuillons sur sa tombe

Les lauriers qu'il a mérités ;

Si comme une fleur l'homme tombe,

Sa vertu jamais ne succombe ;

Mais passe à l'immortalité.

F. H...

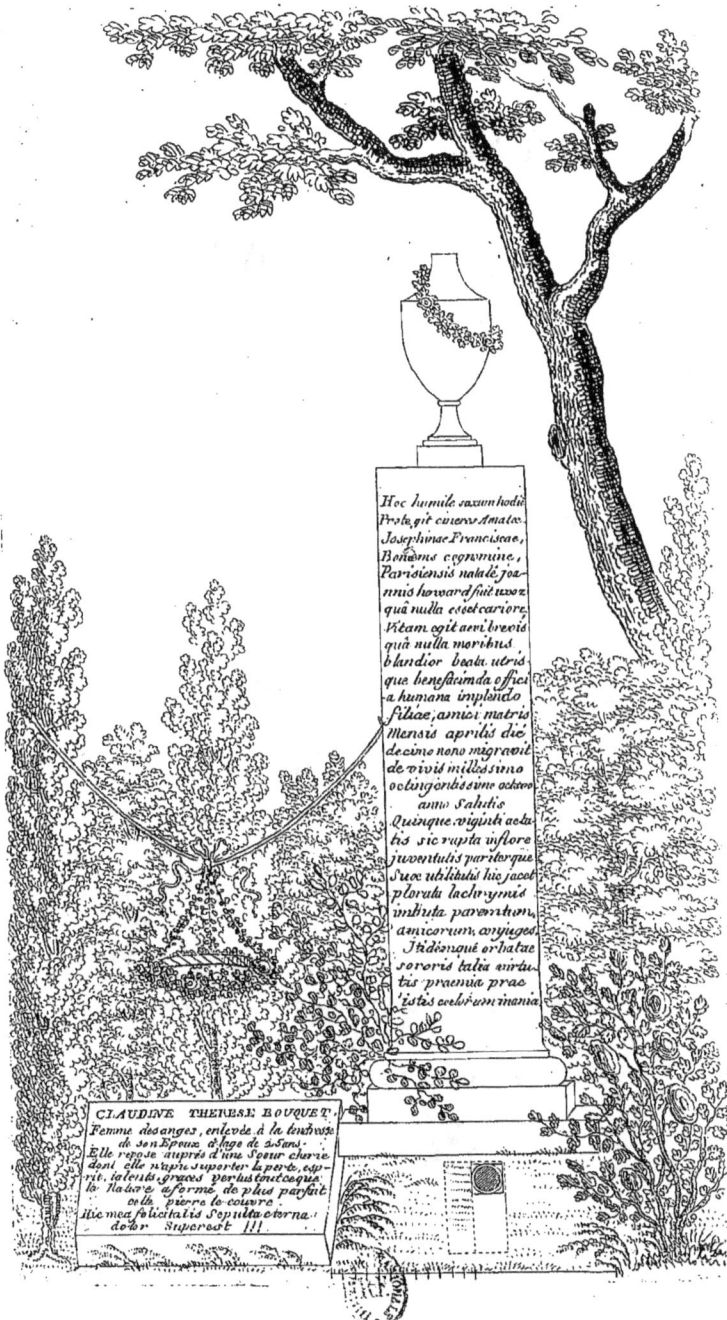

DESCRIPTION

DE TOMBEAUX.

Planches 61, 62, 63, 64.

CIMETIÈRE DE MONT-LOUIS.

Planche 61.

TOMBEAU DE MADAME HOWARD.

Ce tombeau, qui se trouve dans une des contr'allées, est adossé à la charmille du bosquet de l'avenue de Vincennes, dite du Dragon. Il se compose d'une colonne surmontée d'une urne. Le tout est en pierre.

A côté de cette colonne, on voit la tombe de madame Désanges. C'est une dalle de pierre, dans laquelle est incrusté un marbre noir où son épitaphe est gravée en lettres d'or.

6

Le monument de madame HOWARD porte une
inscription latine dont voici la traduction :

Cette humble pierre couvre
Aujourd'hui la dépouille
D'ANNE-JOSÉPHINE-FRANÇOISE
BONTEMPS ,
Née à Paris , épouse
De M. JEAN HOWARD.

Aucune femme ne fut jamais plus chère
A son époux ;
N'eut des mœurs plus douces ;
Sa vie fut courte ;
Mais elle fut heureuse,
Par ses bienfaits
Et par l'accomplissement de ses devoirs
De fille , d'amie et de mère.

Elle quitta la vie ,
Le 19 avril 1808 ,
Agée de 25 ans ,
Dans la fleur de la jeunesse,
Et au moment où la société
Allait profiter de ses services.

Elle repose ici
Arrosée des larmes
De ses parens, de ses amis , de son époux,
Et de sa sœur privée d'une excellente amie.

Jⁿ Mⁱᵉ DE PONS
LIEUTᵉⁿᵗ GÉNÉRAL
CONSᵉʳ D'ÉTAT
ET
AMBASSADEUR

CIMETIÈRE DE MONTMARTRE.

Planche 62.

TOMBEAU DE MADEMOISELLE CHAMEROI.

Ce monument est situé à droite, dans le fond du vallon qui est en face de la porte. Il est en pierre et se compose d'une tombe à dossier. Des lilas et des rosiers répandent à l'entour leur ombre et leur parfum. Le site en est très-pittoresque. Cette tombe qui a dévoré jeunesse, grâce, légéreté, offre au spectateur le sujet d'une triste méditation.

MÊME CIMETIÈRE.

Planche 63.

TOMBEAU DU GÉNÉRAL DE PONS.

On voit ce monument sur le plateau de la colline de gauche, en entrant dans le cimetière. Il se compose d'une tombe en pierre, sur laquelle est représentée une croix en relief. A l'extrémité supérieure de cette croix, s'élève un piédestal surmonté d'une petite corniche. Le tout est en pierre. Sur le monument on a placé une coupe qui sert de bénitier, un goupillon de rameaux de cyprès, et tout près, une lampe de forme antique. Les vases lacrymatoires ainsi que les lettres en relief, sont en bronze et artistement travaillés.

Derrière ce monument, on lit ces mots :

Né le 3 octobre 1739 ;
Mort ,
Le 19 avril
1809.

A côté de cette tombe, et dans la même enceinte, on en voit une autre en pierre, dont la forme est celle d'un piédestal; on y lit cette épitaphe :

Ici repose
MARIE-FÉLICITÉ
MICHELLE
DE PONS,
Marquise
DU-BOIS-DE-LA-MOTTE.

CIMETIÈRE DE VAUGIRARD.

PLANCHE 64.

TOMBEAU DE MONSIEUR PRANGEY.

ON trouve ce tombeau, en entrant par la porte du petit Vaugirard. Il est formé d'un piédestal carré , avec socle et double socle, une petite corniche, un fronton angulaire, des oreillons, et une urne funéraire qui le surmonte. Il est ombragé de cyprès et d'un saule pleureur.

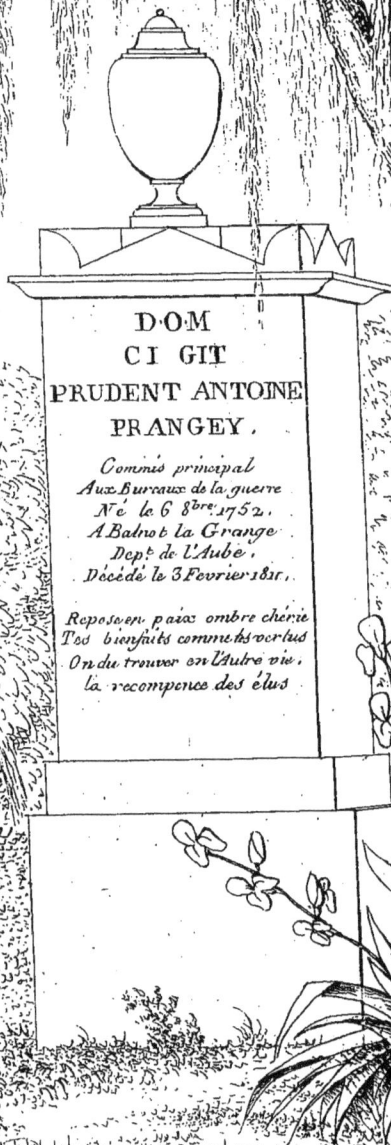

D·O·M
CI GIT
PRUDENT ANTOINE
PRANGEY.

Commis principal
Aux Bureaux de la guerre
Né le 6 8bre 1752.
A Balnot la Grange.
Dept. de l'Aube.
Décédé le 3 Fevrier 1810.

Reposer en paix ombre chérie
Tes bienfaits comme tes vertus
On du trouver en l'Autre vie.
la recompence des élus

C.Plainard

CIMETIÈRE DE MONT-LOUIS.

D. O. M.

A la mémoire
De
Réné-Miot DEMÉLITO ,
Né à Paris le 24 juin 1795,
Chevalier de la Légion-d'Honneur.
Lieutenant de Cavalerie. (Vieille Garde.)

Blessé mortellement
Le 18 juin 1815,
A la bataille de Waterloo ;
Il a expiré , le 6 décembre 1815 ,
Dans les bras d'un père , d'une mère
Et d'une sœur inconsolables.

Excellent fils , tendre frère , ami fidèle ,
Soldat brave et généreux;
Il unissait aux qualités brillantes
De la jeunesse,
La raison et la prudence de l'âge mûr.

Il fut pendant sa trop courte carrière
L'honneur de sa famille.
Malheureux à jamais,
Les tristes auteurs de ses jours
Lui consacrent cette pierre.
Faible soulagement
D'une douleur inépuisable.

Vers écrits au crayon derrière le monument .

Vous qui passez dans ce lieu solitaire,
Arrêtez-vous , versez des pleurs ;
Dans ce tombeau, sous cette pierre
RÉNÉ repose ; un de vos défenseurs.

A UN ROSIER MOURANT.

ÉLÉGIE.

Toi que, dès la naissante aurore,
Arrosait ma soigneuse main.
Toi que plus assidue elle arrosait encore,
Lorsque le jour, à son déclin,
Fuyait devant la nuit qui s'empressait d'éclore;
Arbuste cher, toi dont la fleur
Devait parer ma solitude
Et la remplir de ton odeur;
Objet de ma sollicitude,
Doux rosier, tu péris, hélas !
Et je ne puis sauver ta tige
Des injustes coups du trépas!
Que n'ai-je, pour charmer le regret qui m'afflige,
L'espérance de voir, par un nouveau prodige,
Sur ton pied desséché refleurir tes appas ?

Mais non: tu meurs pour ne renaître pas !
Tu meurs ! Ni le printemps ranimant la nature,
Ni du zéphir le souffle bienfaiteur,
Ni d'un soleil nouveau la féconde chaleur,
Ni la fraîcheur d'une onde pure,
Rien n'a pu de ta sève animer la langueur;
Rien n'a pu de ton front conserver la verdure;
Tu meurs !... Naguère encore je voyais tes rameaux,
Chaque matin à leur parure
Ajouter des attraits nouveaux;
Toujours à mon réveil je les trouvais plus beaux;
Fidèle à mon espoir, chaque nuit faisait naître
Quelques feuilles, doux prix de mes soins assidus!
Chaque aurore, un bouton s'efforçait de paraître;
Mais enfin des plaisirs si long-temps attendus,
Le moment me sourit, j'aperçois une rose,

Qui parmi la verdure, étalant sa rougeur,
Avec le jour naissant disputait de fraîcheur.
Sur elle avec plaisir mon regard se repose ;
J'admire tour-à-tour son éclat, sa candeur,
Et plein d'émotion j'en savoure l'odeur.

   O courte joie ! ô plaisir éphémère !
   J'ignore quel souffle impur,
   Pénétrant l'écorce légère,
Dissipa mon ivresse et d'un bonheur futur
Emporta l'espérance, hélas ! trop mensongère.
Je me refuse encore à de justes soupçons...

   Cependant sur l'arbre que j'aime,
La feuille sans ressort fléchit sous elle-même ;
Et mon dernier espoir, les fragiles boutons,
Sur leurs rameaux flétris laissent tomber leurs fronts.

Comment d'un mal si prompt combattre le ravage ?...
Redoutant du soleil un rayon trop ardent,
A l'arbuste ma main prépare un doux ombrage ;
Son pied d'une eau limpide est baigné plus souvent ;
De la fraîcheur des nuits la cloche le défend.....
Tout est vain ! la paleur a terni son feuillage ;
   Son tronc se dépouille et noircit ;
   Tandis que la fleur en poussière,
   S'envole, tombe et retourne à la terre,
   Qui la fit naître et la nourrit.

Ainsi mes yeux t'ont vue, aimable LEONORE,
Palir, sécher, languir et descendre au tombeau,
Quand de ta vie à peine avait brillé l'aurore,
Quand l'espoir t'entourait d'un avenir si beau !
Innocente, sensible, hélas ! par quelle offense,
Pouvais-tu mériter un sort si rigoureux ?
Mais je connais du ciel la jalouse puissance,
Nous étions criminels, nous étions trop heureux !
   Un tel forfait criait vengeance !

Le ciel punit toujours de pareils attentats.
Et malgré tes vertus, ta jeunesse, tes charmes,
   Sourd à nos vœux, sourd à nos larmes,
Sur toi dans sa colère, il lança le trépas.

D'un père chancelant au bout de sa carrière,
Ta tendresse pieuse étayait les vieux ans :
   Le malheureux a fermé ta paupière !...
   O douleur ! et tes yeux mourans
Sur ta couche funèbre ont vu pleurer ta mère,
Tandis qu'auprès de toi mes sanglots impuissans,
S'opposaient, mais en vain, à ton heure dernière.

Léonore ! Ombre chère ! ah ! si ma faible voix
Avec succès un jour ose se faire entendre,
Je le jure aujourd'hui, pour la seconde fois,
   J'obtiendrai des pleurs à ta cendre.
Tous les cœurs attendris sur ton malheureux sort,
Rediront les accens de l'ami le plus tendre,
Et partageant son deuil, gémiront sur ta mort !

            Naturæ imperio gemimus, cùm funus adultæ
            virginis occurrit. JUV. Sat. 15.

           L. LEDIEU.

DIXAIN *Fait aux Catacombes.*

De ces demeures redoutables,
Les froids et mornes habitans
Sont devenus fort bonnes gens,
Point ennemis de leurs semblables,
Point serviles, point arrogans,
Point envieux, point irritables,
Point menteurs et point médisans,
Et point bavards insupportables...
Ma foi, quand je songe aux vivans,
Je trouve les morts bien aimables.

CI-GIT
JEAN LOUIS
LEFEVRE
né le 20 Juillet 1775
à Épernay Dep.t de la
Marne décédé le Décembre
1822.

Artiste ingénieux.
Excellent Citoyen.
Esprit, foi des talens.
Il eut bien mérité.
Son plaisir le plus doux
Fut de faire le bien.
Et prévoyant venir
Il vit tout en sage.

DESCRIPTION
DE TOMBEAUX.

Planches 65 , 66 , 67 , 68.

CIMETIÈRE DE MONT-LOUIS.

Planche 65.

TOMBEAU DE LA FAMILLE LEFÈVRE.

Pour se rendre à ce monument, on prend, en entrant dans le cimetière, la route tournante, qui se trouve à droite; on la suit jusqu'au carrefour de *l'Étoile* ou rendez-vous des voitures. On gravit ensuite un petit sentier, qui fait face à cet endroit, et qui conduit à une route partagée en deux chemins, l'un à droite et l'autre à gauche. Le premier est celui qu'il faut prendre : il conduit au bosquet de l'avenue de Vincennes ou du *Dragon*.

7

Le tombeau dont il est question, est placé sur la gauche et au bord du chemin de *la Fidèle*.

La forme de ce monument est celle d'un riche et beau sarcophage, décoré d'un fronton et d'oreillons, et cantonné de pilastres posés à crû sur la base principale. Les tables renfoncées, qui portent les inscriptions, sont en marbre blanc-veiné ; les têtes des vis qui les assujétissent, ainsi que les lettres sont dorées. Tous les ornemens sont en bronze de couleur antique. Les masques funéraires, d'une ciselure admirable ainsi que les torches et palmes, furent volés nuitamment, il y a quelques années.

Ce beau monument est posé sur un stercobate ou sousbassement, à l'un des bouts duquel on a pratiqué des marches, afin que le spectateur puisse y monter et se promener au pourtour.

La petite chouette en bronze, qui a échappé aux voleurs, est posée sur le bord d'un rond creux, formant calotte ; les étoiles qui ornent la frise sont aussi en bronze.

Ce monument s'élève au-dessus d'un caveau qui, sans contredit, est un des plus beaux par sa disposition. L'auteur de ce Recueil a vu construire tous les caveaux du cimetière ; et par cette raison, on peut en croire ce qu'il dit. (Voy. la pl. 67.)

D'un époux adoré compagne infortunée
Aux regrets les plus vifs sans cesse abandonnée
De l'affreux désespoir redoute le poison
Aux décrets éternel fait céder ta raison

Plan coupe et élevation du caveau Sépulcrale
de la Famille Lefevre.

g h

e f

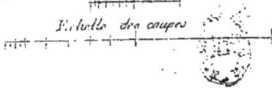

Côté
de lentère

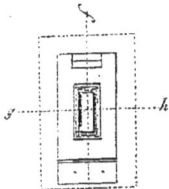

Plan à rez de chaussé

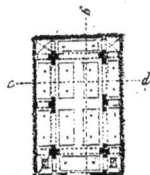

Plan du souterrain

Echelle des plans

Echelle des coupes

Coupe sur c d

Coupe sur a b

PLANCHE 66.

FACE LATÉRALE DU TOMBEAU.

L'ordonnance de cette face est la même que celle de la façade géométrale. La table du renfoncement est de marbre blanc veiné, les lettres sont en or, et les ornemens en bronze.

PLANCHE 67.

PLAN ET COUPE DU CAVEAU.

CE caveau forme une crypte ou chapelle sépulcrale souterraine, dont le plan est très-bien conçu, et sa disposition parfaitement conforme à sa destination.

Le sol de l'intérieur est distribué en dix fosses, qui peuvent en faire douze, parce que celles des deux bouts vont d'un mur à l'autre. Elles sont en partie revêtues de briques et disposées en profondeur pour recevoir trois corps l'un sur l'autre.

Cette espèce de chapelle a la forme d'un parallélograme, qui se compose d'une nef et d'une galerie, au pourtour. Toutes les fosses sont fermées par une dalle de pierre de liais, et entourrée d'une plate-bande de briques. Ces dalles et les briques forment le pavé du caveau, et font un assez bel effet. Le petit diamètre que l'on voit au bout de chaque pierre, indique l'anneau de fer qui sert à la lever, quand la fosse qu'elle couvre doit recevoir un corps. Un escalier manque à cette sépulture souterraine.

La grille d'entourage est d'un bon genre; les barreaux, qui sont faits de canons de fusils, sont surmontés chacun d'une tête de pavot, qui devait être dorée.

Ce monument renferme deux corps, celui de M. Lefèvre et celui d'un petit enfant. La fosse du premier, couverte d'une dalle, est sous la galerie du fond. Au-dessus s'élève un sarcophage que l'on retire à volonté; il est formé de dalles de pierres de liais, et peint en porphyre brun.

Sur le devant, on lit cette épitaphe en lettres d'or:

Ci-gît JEAN-LOUIS LEFÉVRE

Né, le 20 juillet 1773,

A Épernay, département de la Marne,

Décédé le 7 décembre 1812.

La fosse de l'enfant est au bout de la galerie à gauche, en entrant. A chaque extrêmité de cette galerie, on a placé deux cippes en pierre, que l'on ôte et remet à volonté.

On lit sur l'hémicycle au-dessus du plinthe :

SÉPULTURE

DE LA FAMILLE LEFÊVRE.

Revenons au monument qui s'élève au-dessus du caveau.

Sur la table du côté de l'entrée, laquelle est, ainsi que les autres, renfoncée, et de marbre blanc-veiné, on lit :

> Tu pleures ton généreux frère,
> Toi qui lui survis aujourd'hui ;
> De ses enfans tu vas être le père ;
> Ta jeunesse trouva jadis un père en lui.

> Au ciel qui l'a ravi ses filles désolées
> Redemandent l'objet de leur affection,
> Et de leur cœur soumis la résignation
> Verse sur la douleur qui les tient accablées
> Le baume consolant de la religion.

A gauche, on lit :

> Fidèles compagnons de ses nobles travaux ,
> Il vous rendit heureux , partageant tous vos maux ;
> Payez à ses bontés le tribut de vos larmes ;
> Pour des cœurs affligés la douleur a ses charmes.

CIMETIÈRE DE VAUGIRARD.

PLANCHE 68.

TOMBEAU D'AUGUSTINE.

On trouve ce tombeau, à droite, en entrant par la porte du petit Vaugirard. Il est en pierre et d'une forme qui n'est pas commune. Sur un marbre noir, incrusté dans la pierre, on a gravé, en grandes lettres d'or, ce seul mot :

Augustine !

Est-ce une jeune vierge? est-ce une jeune épouse? est-ce une amie ? c'est le secret du cœur de la personne qui a adopté cette laconique inscription.

Vers faits par une dame, deux jours avant sa mort.

Bientôt la lumière des cieux
Ne paraîtra plus à mes yeux ;
Bientôt quitte envers la nature,
Je vais dans une nuit obscure
Me livrer pour jamais aux douceurs du sommeil.
Je ne me verrai plus , par un triste réveil ,
Condamnée à sentir les troubles de la vie.
Mortels , qui commencez ici-bas votre cours,
Je ne vous porte point d'envie ,
Votre sort ne vaut pas le dernier de mes jours.
Frappe, seconde mon envie,
Viens favorable mort, viens briser les liens
Qui, malgré moi , m'attachent à la vie.
Ne point souffrir est le plus grand des biens.

O.ma
Cheri
Augustine

AUGUSTINE

LA MORT DE MON FILS,

STANCES ÉLÉGIAQUES.

La mort a fermé ta paupière,
Aimable enfant, tes jours me sont ravis!
Je souriais à peine au nom de père,
Déjà la tombe avide a dévoré mon fils.

Ainsi la fragile nacelle,
Voguant à la clarté de l'astre de la nuit,
Paisible, fend le sein d'une mer infidèle;
Bientôt l'onde bouillonne, et s'irrite et mugit,
L'aquilon gronde, elle chancelle,
Disparaît, lutte encor....l'abîme l'engloutit:

Ah! J'aurais dû pleurer sur ta naissance,
Oh! mon fils! le jour même où par ton premier cri,
Mon cœur trop tendre, hélas! fut averti,
D'un nouveau sentiment et d'une autre existence.
Autour de ton berceau doucement agité,
J'aurais dû voir la dure adversité,
La fièvre au pas brûlant, la douleur ennemie,
Cortége de l'humanité,
Frappant aux portes de ta vie.

Mais non; dans l'avenir pour mon âme embelli,
Tout me riait, tout me flattait d'avance;
De mes vieux ans mon fils était l'ami,
De ses succès j'étais énorgueilli,
J'élevais sur son nom ma superbe espérance.
Destin cruel! impitoyables dieux!
Vous vous jouez ainsi de notre attente!

Ainsi l'homme par vous abusé dans ses vœux,
Croit lire vos bienfaits sur l'arène mouvante,
    Que disperse un vent orageux.

    Quoi? c'en est fait; grâce aimable et naïve,
Bras caressans vers les miens étendus,
Souris charmans, gaité touchante et vive,
Traits adorés, je ne vous verrai plus!
Ah! cette idée est pour moi trop affreuse!
Envain j'espère en adoucir l'horreur:
De mon fils expirant, l'image douloureuse,
Revient à chaque instant se placer sur mon cœur.

    Le ciel veut que je te survive,
  Cher enfant; mais jamais, jamais je n'oublierai
   L'heure fatale où mon œil égaré,
Suivait dans tes regards ton âme fugitive.
Je donnerai toujours des larmes à ton sort:
Toujours j'aurai présent le moment de ta mort,
    Où ta langue déjà captive,
    En sons plaintifs me demandait encor...

Mais où vont s'égarer mes souvenirs stériles?
De tes rapides ans lorsque j'ai vu la fin,
Loin de m'abandonner à des pleurs inutiles,
Je dois de ton trépas rendre grâce au destin,
Forcé de renoncer au doux titre de père,
Du moins dans tes beaux jours par la douleur flétris,
    Tu n'auras point à regretter un fils,
    Tu n'auras point à consoler sa mère.

                 Par VIGÉE.

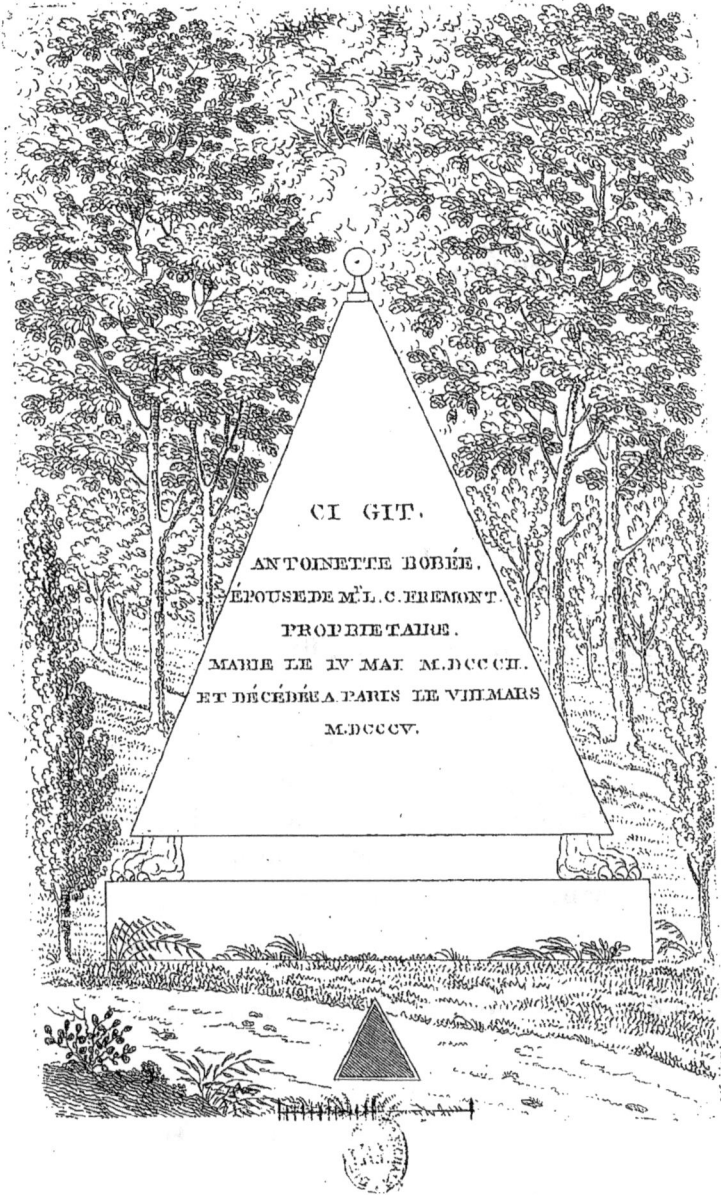

CI GIT.

ANTOINETTE BOBÉE.

ÉPOUSE DE M.ʳ L. C. FREMONT.

PROPRIETAIRE.

MARIE LE IV MAI M.DCC.II.

ET DÉCÉDÉE A PARIS LE VIII MARS

M.DCCCV.

DESCRIPTION

DE TOMBEAUX.

Planches 69, 70, 71, 72.

CIMETIÈRE DE MONT-LOUIS.

Planche 69.

TOMBEAU DE MADAME FRÉMONT.

On voit ce monument, en entrant dans le cimetière, à gauche, sur le bord de l'allée des
tilleuls, et derrière l'attelier de marbrerie (an-
ciennement Orangerie.) Il se compose d'une
pyramide triangulaire, portée sur trois pieds
de lion engagés dans la pierre qui lui sert
de base, et qui elle-même est posée sur un
socle. Le haut du monument se termine par une

8

boule d'amortissement. Sur la face à droite ,
on lit :

Ce monument
Renferme une épouse chérie.
A la fleur de l'âge ,
Elle passa du lit nuptial
Dans la tombe.
La mort y réunira deux époux
Qu'elle seule a pu séparer.

A gauche, on lit cette inscription latine dont
nous avons cru devoir donner la traduction :

Domi felix ,
Externo mœrore
Primum genitum enixa est
Antequàm nasceretur extinctum ;
Alterum amisit nascentem ;
Tertio vix nato , cùm jam uterque conjux
Securum peragerel otium ,
Flebilis illa
Flebiliori sponso erepta est.

Flete, boni !

Traduction :

Heureuse chez elle ,
Saisie d'un chagrin étranger
Elle accoucha avec peine
De son premier enfant mort
Avant sa naissance.
Elle perdit le second
En lui donnant le jour.

A NOTRE MÈRE.

CI GIT

Marie Josephe Eugénie
DE FRANSURE,
Veuve de M. D'EYSSAUTIER,
Colonel au Corps Royal de l'Artillerie,
Officier de la Légion d'honneur,
Chevalier de l'Ordre Royal et
Militaire de St Louis,
Décédée le 25 Décembre 1848.

Un troisième venait à peine de naître,
et les deux époux se reposaient
Dans une douce sécurité,
Lorsque l'épouse, si digne de larmes,
Fut enlevée à son époux désolé.

Pleurez, hommes sensibles!

MÊME CIMETIÈRE.

Planche 70.

TOMBEAU DE MADAME DEYSSAUTIER.

On arrive à ce monument, en prenant, dès
l'entrée dans le cimetière, le chemin tournant,
comme pour aller au tombeau du Dragon (Voyez
le n° 39 du plan.) Il se trouve au midi du bosquet
de tilleuls, au bout de la contr'allée, à droite, et
adossé à la charmille. Il est d'un genre égyptien,
en marbre blanc veiné, avec un fronton circulaire,
et orné, dans son tympan, d'une couronne de
lierre, nouée avec un ruban, symbole d'une étroite
union. Ainsi que la couronne, les deux oreillons
sont décorés de palmettes sculptées. Le fronton
est surmonté d'une urne en marbre noir, qui est
souvent entourée, ainsi que les oreillons, d'une
couronne d'immortelles. Les lettres de l'inscription sont dorées.

Ce tombeau, avec un petit jardin, bien entretenu et planté de quatre cyprès, est entouré d'une balustrade en fer.

On jouit dans cet endroit d'une vue charmante. On n'y entend aucun bruit, et le silence, si favorable à la méditation, n'est interrompu que par les chants mélodieux du rossignol.

CIMETIÈRE DE MONTMARTRE.

PLANCHE 71.

TOMBEAU DE MARGUERITE LOUISE.

Ce tombeau d'un bon style, et construit en pierre, se trouve dans le vallon à droite en entrant. Les noms de *Marguerite Louise* sont la seule inscription que l'auteur de ce Recueil y ait vue. La personne qui l'a fait graver a sans doute voulu avoir le privilège de la douleur et des larmes.

CIMETIÈRE DE VAUGIRARD.

PLANCHE 72.

TOMBEAU DE MADAME COLBERT·

Cette tombe, qui est à fleur de terre, n'est qu'une pierre de la forme d'un miroir. On y a incrusté un marbre noir pour recevoir une inscription en lettres d'or. Autour de ce marbre on a formé un champ qui lui sert d'encadrement.

MARGUERITE LOUISE

ICI REPOSE

HAUTE ET PUISSANTE D^{me}
MADAME HENRIETTE,
BIBIENNE DE COLBERT,
Veuve de Monsieur Guy François
de la porte Dervantz
décédé dans sa 78me anné

Digne de son nom par sa piété,
Ses vertus, ses sentiments,
Son courage dans le malheur,
Recommandable par les graces
De sa personne et de son esprit,
Modèle adoré des mères,
Elle à fini sa longue et noble vie.
Au sein de ses enfans
Et petits enfans éplorés
Autour d'elle et benis de sa main
Mourante, la 5 de mai 1805.

Hélas! pleurée à jamais
de ses enfans,
de ses amis
de ses serviteurs.

Vous qui panchée un jour
sur cette tombe
Lizez ce foible homage
du respect et de la tendresse.
Filiale laissez aussi tomber
une larme sur sa poussiere.

FRAGMENT

Extrait des Nuits d'Young.

(cinquième nuit.)

. . . .
. . . .

Heureux l'homme qui dégoûté des plaisirs factices d'un monde tumultueux et de tous ces vains objets qui s'interposent entre notre âme et la vérité, s'enfonce, par choix, sous l'ombre épaisse et silencieuse des cyprès; visite les voutes sépulcrales que le flambeau du trépas éclaire, lit les épitaphes des morts, pèse leur poussière, et se plaît au milieu des tombeaux! Ce sombre empire où la mort est assise au milieu des ruines, offre à l'homme un asyle paisible où son âme doit entrer souvent et promener ses pensées solitaires. Que l'air qu'on y respire est salutaire à la vérité, et mortel pour l'orgueil! O mon âme, entrons-y sans effroi ; cherchons ici ces idées consolantes dont l'homme a tant besoin sur la terre; pesons la vie et la mort; osons envisager la mort en face, et bravant ses torrens par un mépris généreux, cueillons sur les tombeaux la palme des grandes âmes. Puisse ma sagesse s'enrichir de mes malheurs et me payer mes larmes.

Suis-moi, Lorenzo, viens ; lisons ensemble sur la pierre qui couvre ta chère Narcisse.... Quel traité de morale sublime elle tient ouvert! Que son langage muet est pathétique! Quels orateurs peuvent toucher comme elle une âme sensible? L'éloquence des paroles peut nous émouvoir ; mais que ses images sont faibles et mortes auprès des impressions vives et profondes dont la vue de cette pierre nous pénètre! Avec quelle force elle parle à nos yeux! Que de leçons renfermées dans la date que j'y vois gravée !....

Demande-lui si la beauté, si la jeunesse, si tout ce qui est aimable est de longue durée! Homme, ose donc désormais comp-

ter sur la vie! A peine puis-je rencontrer un tombeau qui renferme un corps plus jeune que le mien et qui ne me crie, viens....
et dans le monde entier que trouvé-je qui me rappelle et m'at-
tache à la vie ?

. . . .
. . . .

Le monde et ses plaisirs imposteurs ne m'en imposent plus.
(Ce n'est que dans la tristesse que l'homme sait les apprécier.)
Les piéges que le vice me tendait sous les fleurs sont décou-
verts ; la vertu laisse tomber son voile et je peux contempler
tous ses charmes.

Comme la vie s'écoule devant moi ! Je vois les hommes
tomber comme la feuille de l'automne : les objets de leurs désirs me paraissent aussi légers, aussi vils que la poussière qui
s'élève sous leurs pas. Plus je considère la vie, plus elle me
paraît vaine.

. . . .
. . . .

Et pourquoi frémir à la pensée de la mort? Ce passage n'est
pas si terrible que nous l'imaginons. Ingénieux à nous créer des
alarmes, nous nous tourmentons de nos chimères; nous nous
formons un fantôme; nous lui donnons des traits menaçans ; et
bientôt oubliant qu'il est notre ouvrage, notre peur l'anime,
nous frissonnons à ses pieds et nous ne pouvons plus lever les
yeux sur lui sans pâlir de terreur.

L'image infidèle que nous formons d'après nos conjectures,
n'a presque aucune ressemblance avec l'original. Et quel peintre
a pu saisir les véritables traits de la mort? Ce tyran ne se repose jamais un instant. La crainte agite le pinceau dans
nos mains tremblantes. L'imagination exagère, l'ignorance
charge le portrait de ses ombres, et la raison s'en épou-
vante.

Où est-elle la mort? Toujours future ou passée; dès qu'elle
est présente, elle n'est déjà plus. Avant que l'espérance nous

abandonne, le sentiment est mort. Pourquoi nous remplir de noirs présages? Quand nous sommes frappés nous recevons le coup, mais sans en sentir la douleur. La cloche funèbre, le drap mortuaire, la bêche, le tombeau, la fosse humide et profonde, les ténèbres et les vers, tous les fantômes qui s'élèvent sur le soir de la vie et obsèdent le vieillard, sont la terreur des vivans. Victime de sa folle imagination et malheureux par son erreur, l'homme invente une mort qui n'est point celle que la nature a faite, et par la crainte d'une seule, il en éprouve mille. Ecartons d'une main courageuse ces simulacres trompeurs. La tombe est hermétiquement fermée; il n'en transpire aucun secret chez les vivans.

. . . .
. . . .

Depuis deux fois le temps que les Grecs employèrent à réduire la superbe Troie, je m'obstinais à assiéger sans succès les faveurs de la cour. Hélas ! que l'ambition est un mauvais moyen de s'enrichir! Elle n'a fait qu'appauvrir encore le peu que je possédais, en empoisonnant sa jouissance. Pourquoi désirer? c'est de toutes les occupations la plus cruelle. Donnez-moi l'homme le plus robuste et dans la santé la plus florissante : l'ambition en fera bientôt une ombre pâle et décharnée. Eussiez-vous tous les trésors du Nouveau-Monde, si vous avez encore de l'ambition et des desirs, vous resterez pauvre. Air pur, repas frugal, dons précieux de la vie champêtre, c'est vous qui m'avez enfin guéri de cette maladie contagieuse des Cours.

Bénie soit à jamais la main divine qui m'a conduit sous l'abri de cette humble chaumière où j'ai trouvé le doux repos de mon âme. Le monde est un vaisseau pompeux flottant sur des mers dangereuses : on le regarde avec plaisir; mais on ne l'aborde qu'avec péril. Ici en sûreté, jetté à terre sur une simple planche, j'entends le tumulte confus de la foule, comme le mugissement des mers éloignées ou le bruit sourd de la tempête mourante ; et en méditant dans un calme profond mon sujet sérieux, j'apprends à combattre les terreurs de la mort. Ici comme un berger, qui du fond de sa cabane, appuyé sur sa houlette, et faisant raisonner son chalumeau, promène ses regards sur la vaste étendue des campagnes, je suis de l'œil la chasse féroce de l'ardente ambition; je vois une meute nombreuse d'hommes bruyans, brisant les barrières des lois, franchissant les bornes de la justice, loups pour la rapine, renards pour la ruse, tantôt poursuivans, tantôt poursuivis, et tour-à-tour la proie l'un de l'autre, jusqu'à ce que le trépas, cet infatigable chasseur, vienne les engloutir tous dans leur dernier terrier.

Pourquoi tant de fatigues pour des triomphes si courts ? La fortune des riches, la gloire des héros, la majesté des rois, tout finit par « *Ci-Gît.* » Des peines à souffrir, des biens qu'il faut laisser, tel est l'inventaire exact de la vie, et la poussière est le terme de toutes les grandeurs de la terre. Si mes chants passent à la postérité, elle apprendra qu'il exista un homme, nourri parmi les courtisans, quoique né dans l'Angleterre, qui fit réflexion que la fortune pourrait bien arriver trop tard d'un jour; qui ne s'est point amusé sur son lit de mort à arranger des projets de fortune et de vie ; et qui a pensé que la nécessité de mourir valait bien la peine de l'en distraire.

La jeunesse sans expérience, attirée par une lueur trompeuse, se précipite sur une foule de maux. Les années instruisent l'homme ; il se détrompe en vieillissant : mais dès qu'il a trouvé l'art de vivre, les portes de la mort s'ouvrent.

J'entends la vieillesse insatiable crier sans cesse : « Encore des jours, encore des richesses, encore des plaisirs ; » il n'est plus de plaisirs quand le sentiment est éteint. Il ne suffit pas de posséder l'objet : pour en jouir, il faut des sens. Vainement nous nous fatiguons à tendre de nouveau, à rajuster l'arc usé dont la nature relâche et brise successivement toutes les cordes. Quel excès de folie ! Comme on voit les ombres s'allonger à mesure que le soleil s'abaisse, nos desirs croissent et s'étendent sans fin sur le soir de la vie.

CI GIT

JACQUE DE L'ANGE.
Mort dans sa 62.me Année.
le 9. Juillet 1809.

Par des rares vertus
il embellit sa vie
et recueillit le fruit
d'une honnete industrie,
Bon père et bon Epoux,
il cherit ses enfants;
et mit à leur bonheur
ses soins les plus constants.
Ici de leurs douleurs
il consacrent le gage,
son exemples est pour eux
le plus doux heritage.

DESCRIPTION

DE TOMBEAUX.

Planches 73, 74, 75, 76.

CIMETIÈRE DE MONT-LOUIS.

Planche 73.

TOMBEAU DE MONSIEUR JACQUES DE LANGE.

Pour trouver ce tombeau, il faut prendre, en entrant dans le cimetière, le premier chemin à gauche; on voit le monument à droite, derrière le second rang de tilleuls qui forment une avenue; il se compose d'une pierre perpendiculaire, dans laquelle on a creusé une table d'inscription, et qui porte sur un socle. Il est orné de deux pilastres,

9

avec chapitaux, taillés en pointe de diamant. Ce petit monument est surmonté d'un fronton qu'on nomme chevron brisé, et de deux oreillons. Un cyprès l'ombrage de chaque côté, et la palissade de verdure qui le sépare de l'allée de tilleuls, en est le fond de paysage.

MÊME CIMETIÈRE.

PLANCHE 74.

TOMBEAU DE LA FAMILLE KROPER.

CE monument est situé dans le bosquet de tilleuls, dite avenue de Vincennes ou du Dragon, et au milieu de l'allée principale. Le socle est en pierre, et tout le reste en marbre blanc de Carrare. Il est d'un caractère mâle, et d'une solidité à braver les siècles. Les lettres de l'inscription sont dorées. La balustrade, qui est en fer, offre trois compartimens : celui du milieu représente deux faulx en sautoir, symboles du Temps qui fauche tout dans sa course.

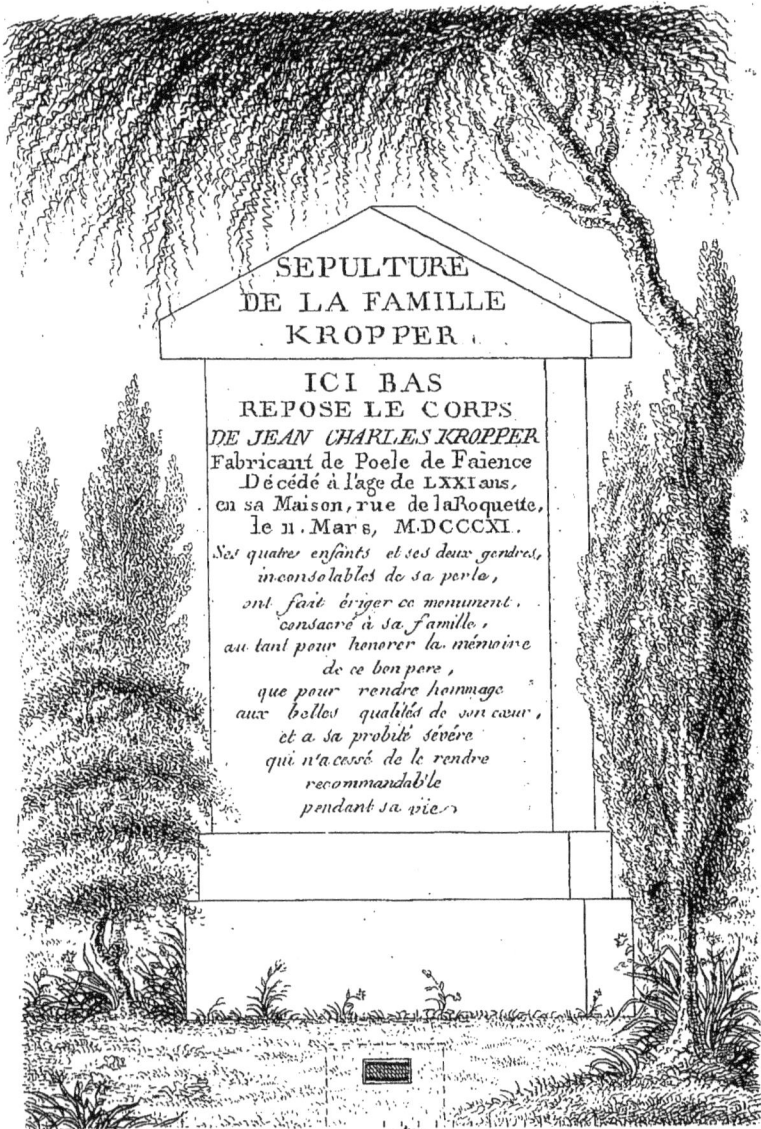

SEPULTURE
DE LA FAMILLE
KROPPER

ICI BAS
REPOSE LE CORPS
DE JEAN CHARLES KROPPER
Fabricant de Poele de Faïence
Décédé à l'age de LXXI ans,
en sa Maison, rue de la Roquette,
le 11. Mars, M.DCCCXI.
Ses quatre enfants et ses deux gendres,
inconsolables de sa perte,
ont fait ériger ce monument
consacré à sa famille,
autant pour honorer la mémoire
de ce bon père,
que pour rendre hommage
aux belles qualités de son cœur,
et à sa probité sévère
qui n'a cessé de le rendre
recommandable
pendant sa vie.

MONUMENT
ÉLEVÉ A LA GLOIRE
DU PLUS TENDRE DES FILS
ET DES AMIS.

ANTOINE C.M. DE GUILLAUME
LAGRANGE,

Fils unique, âgé de 25 ans et demi, sous-officier au 16e régiment de dragons, mort en héros, sur le champ de bataille, victime de son courage, de sa bravoure, regretté de ses chefs, de ses amis de ses camarades et généralement de tous ceux qui le connaissaient.

Il était le rejetton de la plus ancienne noblesse de Limoges. Ses ancêtres ont servi avec distinction et ont occupé des places honorables.

Après avoir signalé sa valeur à Austerlitz, à Iéna, à Erfurt, à Spandau; etc. Il trouva la mort dans les affreux déserts de la Pologne au combat du 4 Février 1807.

Ce fut à l'entrée d'un village; dans un passage dangereux; on demanda: qui veut passer le premier? C'est moi, s'écrie-t-il. Aussitôt il s'élance... A l'instant une balle lui perce le cœur!!!

Ses dernières paroles sur le champ de bataille furent: Ma mère! ma pauvre mère!!

O mon cher et bien aimé fils, mon meilleur ami! Tout ce que j'avais de plus précieux au monde! C'est ta bravoure, ton grand dévouement à la patrie, qui me prive de te revoir: seul bonheur que nous désirions.

O toi, si bon, si aimant, si sensible jamais je ne te pleurerai assez, ni au tant que tu le méritais, Toi qui possédais toutes les qualités de l'âme et du cœur.

Reçois l'hommage de ta malheureuse et inconsolable mère la mort seule peut mettre un terme à sa douleur.

Etres bons et sensibles, plaignez son sort il méritait bien de vivre, d'être réuni à sa tendre mère, il ne demandait à Dieu pour récompense de tant de peines et de fatigues, que de la revoir, de la serrer encore une fois contre son cœur, avant que de finir l'un et l'autre leur carrière.

MÊME CIMETIÈRE.

PLANCHE 75.

TOMBEAU DE MADAME LA GRANGE.

L'inscription du tombeau, ou cénotaphe du dragon GUILLAUME DE LA GRANGE, forme la face opposée de la planche 17me. de la 5me. livraison du premier volume de ce Recueil.

Au pied de ce monument, on lit sur un marbre blanc veiné, incrusté sur le socle de la face principale :

Ici repose
L'infortunée mère
Du malheureux GUILLAUME
DE LA GRANGE.

Cette courte épitaphe a été faite par elle-même.

« Le plus beau sanctuaire de la nature, a dit un grand orateur, c'est le cœur d'une mère » : que de larmes celle-ci a répandues depuis l'instant fatal qui la priva de ce fils chéri ! Tout entière en proie à la douleur, elle repoussait toutes les consolations, et son unique vœu était d'être réunie à la dépouille de cet objet de ses éternels regrets.

La mort l'a exaucée ; puisse-t-elle, dans une autre vie , être dédommagée de la cruelle privation qui lui rendit celle-ci si difficile à supporter !

~~~~~~~~~~~~~~~~~~~~~~~~~~~~~~~~~~~~~~~

CIMETIÈRE DE VAUGIRARD.

Planche 76.

TOMBEAU DE MADAME BERTRAND.

Ce tombeau, construit en pierre, a la forme d'un sarcophage d'un bon style. Il est posé sur un double socle, et surmonté d'un fronton avec oreillons. De chaque côté de l'inscription, on voit dans un renfoncement deux vases lacrymatoires, sculptés en bas-reliefs. Une couronne de roses orne l'oreillon. Ce monument, ombragé de cyprès, est adossé au mur qui sépare les deux cimetières, et regarde le nord.

~~~~~~~~~~~~~~~~~~~~~~~~~~~~~~~~~~~~~~~

Au riche, les parens pleuvent de toutes parts,
Sa maison toujours en fourmille,
Et souvent le pauvre est bâtard,
Au sein même de sa famille.

Tous les pas mènent à la mort, le dernier y arrive.

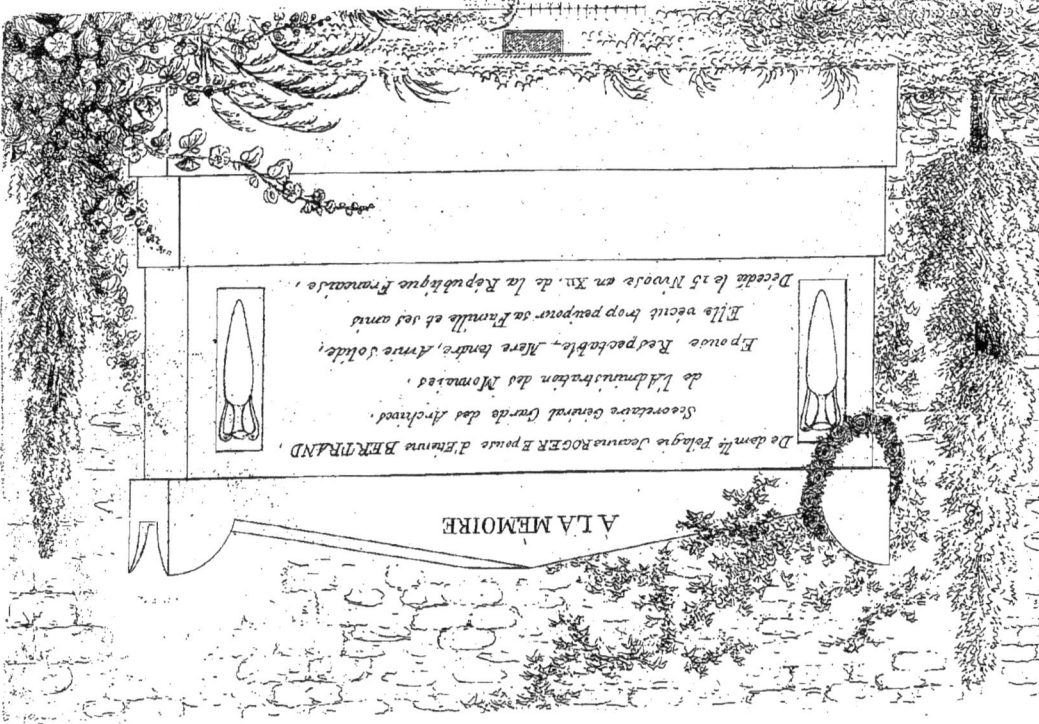

LE CIMETIÈRE DE CAMPAGNE.

ÉLÉGIE ANGLAISE

De Gray,

Traduction nouvelle, en vers français.

Le jour fuit ; de l'airain les lugubres accens
Rappellent au bercail les troupeaux mugissans ;
Le laboureur lassé regagne sa chaumière ;
Du soleil expirant la tremblante lumière
Délaisse par degrés les monts silencieux ;
Un calme solennel enveloppe les cieux ;
Et sur un vieux donjon que le lierre environne,
Les sinistres oiseaux, par un cri monotone,
Grondent le voyageur dans sa route égaré,
Qui vient troubler l'empire à la nuit consacré.

    Près de ces ifs noueux dont la verdure sombre
Sur les champs attristés répand le deuil et l'ombre,
Sous ces frêles gazons, parure du tombeau,
Dorment les villageois, ancêtres du hameau,
Rien ne peut les troubler dans leur couche dernière ;
Ni le clairon du coq annonçant la lumière,
Ni du cor matinal l'appel accoutumé,
Ni la voix du printemps au souffle parfumé.
Des enfans, réunis dans les bras de leur mère,
Ne partageront plus sur les genoux d'un père
Le baiser du retour, objet de leur désir,
Et, le soir au banquet, la coupe du plaisir
N'ira plus à la ronde égayer la famille.
    Que de fois la moisson fatigua leur faucille !
Que de sillons traça leur soc laborieux !
Comme au sein des travaux leurs chants étaient joyeux,
Quand la forêt tombait sous les lourdes coignées !

Que leurs tombes du moins ne soient pas dédaignees.
Que l'heureux fils du sort, déposant sa grandeur,
Des simples villageois respecte la candeur;
Que le sourire altier sur ses lèvres expire :
Biens, dignités, crédit, beauté, valeur, empire,
Tout vient dans ce lieu sombre abîmer son orgueil.
O gloire ! ton sentier ne conduit qu'au cercueil.
Ils n'obtinrent jamais, sous les voutes sacrées,
Des éloges menteurs, des larmes figurées;
Les ministres du ciel ne leur vendirent pas
Le faste du néant, les hymnes du trépas ;
Mais, perçant du tombeau l'éternelle retraite,
Des chants raniment-ils la poussière muette ?
La flatterie impure, offrant de vains honneurs,
Fait-elle entendre aux morts ses accens suborneurs ?

Des esprits enflammés d'un céleste délire,
Des mains dignes du sceptre ou dignes de la lyre,
Languissent dans ce lieu, par la mort habité.
Grands hommes inconnus, la froide pauvreté
Dans vos âmes glaça le torrent du génie;
Des dépouilles du temps la science enrichie
A vos yeux étonnés ne déroula jamais
Le livre où la Nature imprima ses secrets ;
Mais l'avare Océan recèle dans son onde
Des diamans, l'orgueil des mines de Golconde;
Des plus brillantes fleurs le calice entr'ouvert
Décore un précipice ou parfume un désert.
Là peut-être sommeille un Hamdem de village,
Qui brava le tyran de son humble héritage;
Quelque Milton sans gloire, un Cromwel ignoré,
Qu'un pouvoir criminel n'a point déshonoré.

S'ils n'ont pas des destins affronté la menace,
Fait tonner au Sénat leur éloquente audace,
D'un hameau dévasté relevé les débris,
Et recueilli l'éloge en des yeux attendris,

Le sort, qui les priva de ces plaisirs sublimes,
Ainsi que les vertus, borna pour eux les crimes ;
On n'a point vu l'épée, ivre de sang humain,
Leur frayer jusqu'au trône un horrible chemin ;
Ils n'ont pas étouffé dans leur âme flétrie
Et la pitié qui pleure, et le remords qui crie.
Jamais leur main servile, aux coupables puissans
N'a des pudiques sœurs prostitué l'encens ;
Et leurs modestes jours, ignorés de l'envie,
Coulèrent sans orage au vallon de la vie.

Quelques rimes sans art, d'incultes ornemens
Recommandent aux yeux ces obscurs monumens :
Une pierre attestant le nom, le sexe et l'âge,
Une informe élégie où le rustique sage
Par des textes sacrés nous enseigne à mourir,
Implorent du passant le tribut d'un soupir.

Eh ! quelle âme intrépide, en quittant le rivage,
Peut au muet oubli résigner son courage ?
Quel œil, apercevant le ténébreux séjour,
Ne jette un long regard vers l'enceinte du jour ?
Nature, chez les morts ta voix se fait entendre ;
Ta flamme dans la tombe anime notre cendre ;
Aux portes du néant respirant l'avenir,
Nous voulons nous survivre en un doux souvenir.

Et toi, qui pour venger la probité sans gloire,
Du pauvre dans tes vers chantas la simple histoire,
Si, visitant ces lieux, domaine de la mort,
Un cœur parent du tien veut apprendre ton sort,
Sans doute un villageois, à la tête blanchie,
Lui dira : traversant la plaine rafraîchie,
Souvent sur la colline il devançait le jour,
Quand au sommet des cieux le midi de retour
Dévorait les côteaux de sa brûlante haleine,
Seul, et goûtant le frais à l'ombre d'un vieux chêne,
Couché nonchalamment, les yeux fixés sur l'eau,

Il aimait à rêver au doux bruit du ruisseau :
Le soir, dans la forêt, loin des routes tracées,
Il égarait ses pas et ses tristes pensées ;
Quelquefois, en quittant ces bois religieux,
Des pleurs mal essuyés mouillaient encore ses yeux.
Un jour, près d'un ruisseau, sur le mont solitaire,
Sous l'arbre favori, le long de la bruyère,
Je cherchai, mais envain, la trace de ses pas ;
Je vins le jour suivant, je ne le trouvai pas !
Le lendemain, vers l'heure où naissent les ténèbres,
J'aperçus un cercueil et des flambeaux funèbres ;
A pas lents vers l'église on portait ses débris ;
Sa tombe est près de nous ; regarde, approche et lis :

EPITAPHE.

Sous ce froid monument sont les jeunes reliques
D'un homme à la fortune, à la gloire inconnu,
La tristesse voilait ses traits mélancoliques ;
Il eut peu de savoir, mais un cœur ingénu.
Les pauvres ont béni sa pieuse jeunesse
Dont la bonté du ciel a daigné prendre soin ;
Il sut donner des pleurs, son unique richesse;
Il obtint un ami, son unique besoin.
Ne mets point ses vertus, ses défauts, en balance,
Homme, tu n'es plus juge en ce funèbre lieu :
Dans un espoir tremblant il repose en silence,
Entre les bras d'un père et sous la loi d'un Dieu.

La terre est une immense tombe,
Où descend l'industrie, où la vertu succombe.

ICI REPOSE
Q.M.A. VERHUELL.
FILS DE L'AMIRAL.
DÉCÉDÉ A PARIS
LE XX AVRIL.
M.D. CCC.X.

DESCRIPTION

DE TOMBEAUX.

Planches 77, 78, 79, 80.

CIMETIÈRE DE MONT-LOUIS.

Planche 77.

TOMBEAU DU JEUNE VERHUELL.

On voit ce tombeau, en entrant, à gauche dans le cimetière. Il est construit en pierre, et représente un piédestal carré, avec base et corniche, et surmonté d'un socle au-dessus duquel s'élève un obélisque posé sur des pieds de lion.

Le nom de Verhuell rappelle les exploits de ce célèbre amiral hollandais qui, naturalisé français, a mérité de siéger à la chambre des pairs de France.

10

CIMETIÈRE DE MONT-LOUIS.

Planche 78.

TOMBEAU DE MONSIEUR PICQUENOT.

On arrive à ce tombeau en traversant la grande allée des sycomores ; il est au bout de cette avenue, et près du tertre ou belvédère du nord. Il est en pierre. Sa forme est celle d'un piédestal carré, avec socle, corniche, fronton et oreillons. Il est surmonté d'une urne funéraire, que mademoiselle Piquenot a soin d'orner souvent d'immortelles.

Ce monument est ombragé d'un berceau de chèvre-feuilles, qui a la forme d'un baldaquin. Différentes espèces de fleurs et des cyprès font ornement d'un petit jardin entouré d'un treillage.

La dépouille que couvre ce monument est sans doute celle d'un père chéri parce qu'il fut aimant et bon. Honneur à la vertueuse et sensible fille qui fait consister son bonheur à venir pleurer devant la sépulture de l'auteur de ses jours ! Les enfans ingrats s'éloignent des lieux où reposent leurs parens dans le sommeil de la mort.

ICI REPOSE
MICHEL PICQUENOT
GRAVEUR;
NÉ À MONVILLE,
LE 8 AVRIL 1747.
DÉCÉDÉ À PARIS
LE 12 MAI 1814.

Ô toi qui dors en paix,
Sous ce monument,
reçois ô mon père l'hommage de ton épouse et de ta
fille, puissent tous les
enfans, avoir un père,
qui te ressemble.

Euphrasie Picquenot.

CI GIT

Mr ETIENNE GASSOT.

DE LA VIENNE.

Ancien officier
au Gardes Françaises,
Décédé en son hôtel.
Rue neuve des mathurins.
le 12. Juillet, 1811.
Agé de 49 ans, 8 mois.

Priez Dieu

pour le Repos de son âme.

ICI REPOSE.

D^{LLE} CHARLOTTE JOSEPHINE

ETEVÉ.

Agée de 19 ans.
Décedée le 19 Avril 1810.

Orphéline à l'âge de 5 ans
Elle fut Chrétiennement
élevée par sa famille,
dont elle emporte
les justes regrets.

Priez dieu pour le
Repos de son ame.

CIMETIÈRE DE MONTMARTRE.

PLANCHE 79.

TOMBEAU DE MONSIEUR GASSOT
DE LA VIENNE.

Ce tombeau est situé dans le fond du vallon, sur le bord du chemin, à gauche, en entrant dans le cimetière. Il est en pierre de liais, et sa forme est celle d'un cippe.

CIMETIÈRE SAINTE-CATHERINE.

PLANCHE 80.

TOMBEAU DE MADEMOISELLE ÉTEVÉ.

Ce tombeau se trouve à droite, en entrant dans le cimetière. Il se compose d'une dalle de pierre de liais, qui a la forme d'un miroir, suivant l'expression des ouvriers. Il est scellé au mur. Deux tuya, arbustes chinois, l'ombragent et le décorent.

Mademoiselle Étevé n'avait que seize ans ; Amour! Hymen! vous pleurez : que la Religion vous console!

FRAGMENT

Extrait des Nuits d'Young.

(dixième nuit.)

CONDUIS tes troupeaux dans un gras pâturage, tu ne les entends point se plaindre : ils paissent satisfaits. La paix dont ils jouissent est refusée à leur maître. Un mécontentement éternel poursuit et tourmente l'homme. Le monarque et le berger se plaignent également de leur sort ; et du trône à la chaumière les soupirs se répondent. Cependant quel intervalle immense sépare leurs destinées ! L'un enferme des mers entre les deux portions de son empire ; l'autre ne possède dans l'univers qu'une cabane d'argile et de chaume, bâtie à la hâte sur un terrain abandonné, et qui le défend mal de l'hiver et des orages. Croirais-je que l'Eternel ait été plus libéral pour mes troupeaux que pour moi ? Non ; ce mécontentement qui murmure dans mon cœur, n'est que le sentiment de mon immoralité ; c'est le cri de l'instinct appelant l'objet qui manque à son bonheur. Il est arrêté que l'homme noblement tourmenté par sa grandeur soupirera sur le trône comme sous le chaume ; ses dégoûts lui révèlent sa noblesse, et sa misère lui crie qu'il est né pour être heureux.

Nous ne sommes point ici dans notre patrie, c'est une terre étrangère où nous recevons en passant de la nature un aliment qui ne peut nous rassasier. Nous avons beau multiplier nos jouissances, nous restons affamés au milieu de cette abondance stérile, et les plus grands plaisirs nous laissent toujours des désirs. Si nous ne pouvons plus monter, nous descendrons plutôt que de rester dans le repos. Le maître de l'empire humain quitte le trône de l'univers et va se souiller à Caprée, dans des voluptés honteuses. C'est le désespoir de l'ambition qui l'abaisse et le plonge dans la débauche.

Dieu lance le cœur de l'homme vers l'avenir par un ressort invincible et caché. L'espérance infatiguable, les aîles toujours étendues, vole vers tous les objets qui frappent sa vue insatiable et toujours mal satisfaite des succès passés; elle nous force à immoler notre repos à des chimères et à sacrifier des biens certains à l'incertitude des hasards; elle foule sous ses pieds tous les bienfaits du présent, tue nos plaisirs à mesure qu'ils naissent, nous harcèle jusqu'au tombeau, et nous fait souffrir presque autant de maux que le désespoir. Pourquoi la jouissance est-elle toujours moins vive que le désir? Pourquoi un désert est-il plus cher à l'homme qu'une couronne? Pourquoi, dès que ce désir est satisfait, ensevelit-il le bonheur? Ah! sans doute, Dieu qui ne nous laisse ici d'autre bien que l'espérance, nous réserve dans l'avenir des biens plus précieux que ceux de la terre; nous sommes entraînés vers le but invisible où le Créateur nous attire.

STANCES

Imitées de l'anglais en l'honneur

DE

M. PECHMEJA, ami de M. DUBREUIL.

Salut, sainte amitié, douce union des âmes,
Noble penchant des cœurs sensibles, généreux,
De ceux que tu remplis de tes divines flammes,
L'un mourrait avec joie en rendant l'autre heureux.

Mais, efforts superflus, tous deux n'ont qu'un seul être,
Le coup qui frappe l'un contraint l'autre à périr;
Tels on voit deux palmiers qu'un même sol fit naître,
L'un de l'autre privés, s'incliner et mourir.

Lisez Télèphe, ô vous! qui cherchez un modèle
Des sentimens sacrés de constance et d'honneur !
L'auteur, plus qu'à la gloire, à l'amitié fidèle,
Embellit son héros des vertus de son cœur.

Pechmeja, qui pourra t'imiter et te suivre.
Tu crains à ton ami de coûter quelques pleurs,
Tu crains de lui laisser l'horreur de te survivre :
Tes vœux sont exaucés; Dubreuil n'est plus... tu meurs.

SUR LA MORT DE MONSIEUR DE NONAL.

LE 23 mai 1812, M. de Nonal, tourmenté du desir de revoir le lieu de sa naissance, partit de Paris
pour Rennes, malgré les observations et les ins-
tances de son médecin et de ses amis : le 25 à dix
heures du soir, trois heures après son arrivée, il
avoit cessé de vivre ; il n'a pu que serrer la main
de ses parens sans leur dire un seul mot. Il n'avait
touché la terre natale que pour expirer.

Il avait lui-même préparé son éphitaphe, qui le
peint en entier, la voici :

Ci-gît

ALEXANDRE DE NONAL DE LA HOUSSAYE.

Ses amis

Etaient de sa famille,

Il aima

Sa famille et ses amis.

JEAN-ERNEST SUTTON DE CLONARD, auteur de plusieurs jolies productions dramatiques, enlevé aux lettres, à sa femme, à ses parens et à ses amis qui le chérissaient; il n'était âgé que de trente-deux ans.

Gai chansonnier, voici l'épitaphe qu'il s'était faite de son vivant :

> Moi qui comptais de la folie,
> Agiter les grelots cent ans ;
> Des Parques la jalouse envie
> Ne m'en a pas laissé le temps ;
> Mais des bons vivans je fis nombre :
> « Si vous portez ici vos pas,
> « De crainte d'attrister mon ombre
> « Mes amis ne me pleurez pas. »

> Ris, chante, la parque traîtresse
> Tourne encore pour toi son fuseau.
> Un jour tes trésors qu'on envie,
> Tes champs, tes jardins, tes châteaux,
> D'un prodigue héritier nourriront la folie.

> Sois fils d'un plébéïen, sois né du plus beau sang,
> Chez Pluton tôt ou tard, tout est au même rang.

FRAGMENT

*Extrait de l'oraison funèbre du prince Eugène de Savoie,
par le Cardinal Passioni.*

Traduit de l'italien , par Madame Duboccage.

.... Quoi! direz-vous, ce peu d'espace de terre ,
après tant de conquêtes, reste à notre héros! ses cendres froides
inutilement baignées de nos larmes, reposent dans les tènèbres
obscures du tombeau; c'est·là qu'avec lui tous les grands de la
terre, retourneront en poussière! Dans cette réflexion terrible,
que dire à sa louange et à celle des vainqueurs qui à peine
égaleront son mérite, sinon ce qu'enseigne David : *Non des-
cendit cum eo gloria ejus.*

. . . .

Un tombeau que la vanité des hommes orne de trophées, et
que le temps détruit. Quoi! l'honneur d'occuper avec pompe
un petit espace des terres immenses que ces conquérans rava-
gèrent leur fit perdre de vue l'éternelle béatitude et la vraie
immortalité. Le prophète Daniel , élevé dans la plus superbe
cour de l'Orient, méprisait cette gloire terrestre; occupé de
l'immensité de Dieu et de l'éternité , il représente les vainqueurs qui désolent l'univers, sous la figure de tigres et de
lions. Horrible ressemblance! Image affreuse.

ERRATA.

Page 22, au lieu de Cimetière de Montmartre, *lisez* de Vaugirard.

DISCOURS

EN VERS,

SUR LA MORT.

————

« Ce n'est donc pas assez que ma douleur amère :
» A la Mort vainement redemande une mère,
» Surprise loin de moi par son glaive assassin!
» Ce n'est donc pas assez que, presque dans mon sein,
» De mes prospérités l'Euménide jalouse
» Ait frappé sans pitié ma jeune et tendre épouse,
» Qui de l'Hymen à peine entrevit les flambeaux!
» Des marches de l'autel descendue aux tombeaux!
» Et voilà que la mort contre mes jours armée,
» Vient priver de mes soins ma famille alarmée.
» Eh! pourquoi donc veux-tu, fille de la douleur,
« O Mort! de mes beaux ans trancher ainsi la fleur!

» Le malheur, en naissant, fut mon seul apanage.
» A mes parens, hélas! ravi dès mon jeune âge,
» Non moins que par le sort trahi par les mortels,
» Je venais, ô Nature! embrasser tes autels,
» Et, caché sous l'abri de mes foyers rustiques,
» Redemander encor à mes dieux domestiques

» Le repos , dont jadis les premières douceurs
» Avaient, dans mon désert, attiré les neufs Sœurs.
» Les beaux-arts, à l'envi, peuplaient ma solitude :
» Uniquement épris des charmes de l'étude ,
» Pauvre, et content de l'être, heureux de vivre aux champs,
» Je me disais : Ici je suis loin des méchans :
» Ici je ne crains plus ce troupeau d'ames viles
» Qu'assemble l'intérêt dans la fange des villes :
» Ici, d'un luxe vain l'œil n'est pas ébloui ;
» Mais de l'émail des prés l'œil est plus réjoui.
» Mes palais sont des bois majestueux et sombres,
» Confondant leur feuillage , entrelaçant leurs ombres.
» Tel est, n'en doutons pas , sur le sacré vallon ,
» Le charme inspirateur des enfans d'Apollon.
» Dans Athènes, jadis, loin des regards profanes,
» Les Sages disputaient à l'abri des platanes :
» Et l'ami de Mécène, aux jardins de Tibur ,
» Sous des pins élevés respirant un air pur,
» Loin de Rome adorait leur ombre hospitalière.
» Parmi nous, Despréaux, La Fontaine , Molière,
» Souvent, pour animer leur génie et leur voix,
» Cherchèrent le silence et la fraîcheur des bois.
» Trop faible imitateur des dieux de l'harmonie,
» J'ai leurs penchans du moins , si je n'ai leur génie.
» Dans les prés couronnés de jeunes arbrisseaux ,
» Suivant tous les détours des paisibles ruisseaux,
» Le vers que je médite aux bords d'une onde pure,
» Semble couler comme elle , au gré de la nature,
» Et je crois en rêvant, sous un ombrage épais,
» Unir la liberté, les muses et la paix.

» Ainsi je m'abusais, espérance insensée !
» Du flatteur avenir qu'embrassait ma pensée ,
» La douce illusion disparaît à mes yeux.
» La mort va les fermer à la clarté des cieux.

»Je n'ai plus qu'un moment. Un moment!... ô mon père!
» Quels seront tes destins ! ma mort te désespère ;
»Elle hâte la tienne. Un noir pressentiment
» Vient se joindre à l'horreur de ce dernier moment.
»Tu pleures sur ton fils qui pleure sur toi-même.
» Dieu puissant! prends pitié de ce père qui m'aime.
»Grand Dieu! sauvez mon père; avec moins de regret
» De ma destruction je subirai l'arrêt.

» De ma destruction !... quel mot épouvantable !
» Quelle est donc cette loi terrible, inévitable,
» Qui vouant au trépas les fragiles humains,
» Sans cesse de Ténare élargit les chemins ?
» Inexorable Mort! quand viens-tu me surprendre,
» Ne pouvant t'échapper, ne puis-je te comprendre !
» De l'univers entier ton pouvoir est vainqueur ;
» Ne puis-je à cette idée accoutumer mon cœur ?
» Qu'es-tu ? que sommes-nous ? l'ame peut-elle encore
»Survivre à ces débris que la tombe dévore ?
» Sortons-nous du néant ? devons-nous y rentrer ?
» Dans la prison du corps las de s'y concentrer,
» L'esprit s'envole-t-il aux voûtes éternelles ?
» Croirai-je que d'un Dieu les bontés paternelles,
» Par pitié nous tirant d'un ténébreux séjour,
» A nos yeux dessillés font luire un plus beau jour ?
» Et de ce jour si pur l'heureuse mort suivie
» Est-elle le réveil du songe de la vie ?
»Je demande où je suis, d'où je viens, où je vais :
» Mais à ces questions, qui répondra jamais ?
» Dois-je du préjugé ne voir que les fantômes ?
» Dans tout ce qu'on nous dit sur les sombres royaumes,
» Discoureur orgueilleux qui prétends m'éclairer,
» Dis-moi, que dois-je craindre ou que dois-je espérer ?
»Il ne me répond rien. Dans un morne silence,
»Il agite à mes yeux sa sceptique balance.

» Par ton art ambigu, mes doutes excités,
» Assiégent ma raison de leurs perplexités.
» Que dis-je ? ma raison ! sur les choses futures
» Ai-je le temps d'asseoir de vaines conjectures ?
» La mort, la mort me presse ; ô mort ! j'entends ta voix.
» Adieu, mon père ! adieu pour la dernière fois. »

C'était ainsi qu'un jour dans un âge encor tendre,
Au lit de mort, hélas ! ma voix se fit entendre.
Hors d'haleine, épuisé, je me tus. J'essayai
De lever ma paupière, et mon œil effrayé
Vit (ô ciel ! quel spectacle et quels objets funèbres !)
Une lampe mourante au milieu des ténèbres,
Un timide Esculape à mes côtés assis ;
Un prêtre agenouillé ; des spectateurs transis ;
L'amitié dans un coin, la douleur accablée ;
Mon frère au désespoir ; ma sœur échevelée,
Étendue à mes pieds, sans voix, sans mouvemens ;
Mon père déchirant ses tristes vêtemens,
Enfin, autour de moi, la peur, la défaillance,
La prière, les cris, les larmes, le silence.

Couvert d'un drap lugubre, un squelette hideux
Le soulève et l'étend pour nous cacher tous deux.
De ses os décharnés il me presse, il m'embrasse,
Il m'entraîne. L'abîme est ouvert sous sa trace.
De ce gouffre béant le spectacle est affreux.
J'oppose au spectre horrible un effort douloureux ;
J'ose lui résister. Mais (ô merveille étrange !)
Tout prend un autre aspect. Soudain le spectre change.
Il tenait d'une main un tison renversé,
Et de l'autre une faulx dont j'étais menacé.
Des fleurs cachent la faulx, le tison se rallume ;
D'une tombe profonde il semble qu'on m'exhume.

Alors, un bon génie, au front pur, à l'œil doux,
Me regarde en pitié, me parle sans courroux.

« Tu vois la mort, dit-il. Ton ame intimidée
» S'en est fait au hasard une bien fausse idée.
» Tu repousses le dieu qui te tendait les bras ;
» Eh bien ! pour te punir, j'y consens : tu vivras.
» Tu sauras à quel prix de douleurs et de larmes,
» D'une frêle jeunesse on t'a vendu les charmes.
» Tu peins ton avenir de riantes couleurs ;
» Tes projets devant toi ne sèment que des fleurs.
» Insensé ! mais bientôt les hommes vont t'instruire.
» Tu bâtis un bonheur qu'un souffle va détruire.
» Tu n'as pas calculé le nombre des méchans.
» A la ville, au Parnasse, au barreau, dans les champs,
» Ils t'atteindront partout. Partout l'homme est en guerre.
» Tu cherches le repos : il n'est pas sur la terre.
» Sur la terre, d'avance, on trouve les enfers.
» Tu connaîtras l'exil, le naufrage et les fers.
» Tu porteras en vain jusqu'à l'idolâtrie
» La première vertu, l'amour de la patrie.
» De cette passion martyr infortuné,
» Quel fruit espères-tu de ton zèle obstiné ?
» Serviteurs du public ! un caprice rapide
» Aujourd'ui vous couronne, et demain vous lapide.
» Sa justice tardive à la mort vous attend :
» C'est à moi de fixer son suffrage inconstant.
» La mort seule ne craint aucune tyrannie :
» La mort seule, à jamais, brave la calomnie.
» Désarme la vengeance, appaise la douleur,
» Enchaîne la justice et finit le malheur.
» Le sommeil rend l'esclave égal à l'homme libre ;
» La mort rend éternel cet heureux équilibre.
» La chaîne qui vous lie, elle vient la briser.

»Elle vient pour toujours vous faire reposer.

»Pour toi, ne recueillant, parmi la race humaine,

»Qu'une pitié stérile, ou l'envie ou la haine,

»Puni de tes bienfaits, trahi par des ingrats,

»Lassé de vivre enfin tu me rappelleras :

»Je serai sourde alors. D'une main forcenée

»Tu voudrais vainement trancher ta destinée.

»Tu ne peux de tes jours user le noir flambeau,

»Ni violer sans moi l'asile du tombeau.

»Tes amis, plus heureux, sans peine y vont descendre ;

»Tu demeureras seul pour pleurer sur leur cendre.

»Tu te plains aujourd'hui que j'arrive à grands pas,

»Tu te plaindras bien plus que je n'arrive pas,

»Quand sur un lit fatal, cloué sans espérance,

»Trouvant dans chaque instant des siècles de souffrance,

»Ne pouvant à la fois ni vivre, ni mourir,

»Tu ne verras que moi prête à te secourir.

»Cependant, au-delà d'une vie inquiète,

»Ta curiosité, que j'aurais satisfaite,

»S'élancera sans fruit dans l'abîme des temps ;

»Tu ne pourras sonder ces secrets tourmentans,

»De l'immortalité problèmes redoutables,

»Et de l'esprit humain écueils inévitables.

»Par moi, ce grand mystère à l'homme est révélé ;

»Des énigmes du ciel, c'est moi qui tient la clé.

»Loin de fermer vos yeux c'est la mort qui les ouvre.

»Garde donc sur les tiens le bandeau qui les couvre.

»De chimère en chimère et d'erreur en erreur,

»Va te désabuser de ta fausse terreur :

»Épuise les dégoûts attachés à ton être.

»A tes dépens, mortel, apprends à me connaître.

»Je t'amenais au port, tu n'y veux pas entrer.

»Comme un dernier espoir tu pourras m'implorer;

»Mais je te laisserai boire jusqu'à la lie,

»Le poison qui remplit la coupe de la vie.»

La Mort dit, et me quitte. A ces mots menaçans,
Un frisson invincible avait glacé mes sens.
Cet effroi douloureux n'était pas un mensonge.
Je m'éveillai tremblant, le reste n'est qu'un songe,
Mais qui, dans mon cerveau profondément gravé,
M'a déja trop prédit ce qui m'est arrivé.
L'existence, en effet, n'est qu'un pénible rêve :
Un pouvoir inconnu le commence et l'achève,
On veut le prolonger ; mais on ne songe pas
Que la plus longue vie aboutit au trépas.
Bien loin de murmurer de cette prévoyance,
Apprenons à mourir, car c'est notre science.
L'avenir incertain nous impose une loi,
C'est d'user du présent, d'en bien régler l'emploi.
Croyons dans chaque jour voir notre jour suprême :
L'heure qu'on n'attend plus, fait un plaisir extrême.
De cette vérité le sage convaincu,
Est celui qui peut dire : « Aujourd'hui, j'ai vécu. »
Je tiens d'Anacréon la leçon que je trace ;
C'est le refrein constant d'Épicure et d'Horace.
D'Horace, on sait par cœur les passages divers ;
A Posthume surtout, qui ne connaît ces vers ?
« Mon ami ! mon ami ! nos rapides années
» S'envolent, rien ne peut changer nos destinées ;
» Rien ne fléchit la mort. Il faut abandonner
» Ta terre et la maison que tu pris soin d'orner,
» Et la jeune beauté dont tu fis ta compagne.
» De ces plans cultivés qui parent ta campagne :
» Hors l'odieux cyprès, nul autre arbre ne suit
» Son maître passager dans l'éternelle nuit.
» Tout renaît au printemps, s'écrie Horace encore,
» De verdure et de fleurs la terre se décore ;
» Les saisons, sur leurs pas reviennent tour à tour :
» Nous seuls aux sombres bords descendons sans retour,
» On ne repasse point les rives de Cocyte. »

C'est ainsi qu'à jouir Horace nous excite ;
Et Salomon lui-même a dit au genre humain .
« Jouissez aujourd'hui car vous mourrez demain. »
Nous aimons ce conseil, mais au lieu de le suivre ,
En craignant de mourir , nous oublions de vivre.
Du fardeau d'exister on nous entend gémir ,
Et de n'exister plus la peur nous fait frémir.
Loin d'appeler la mort franchement à notre aide ,
Nous ne pouvons souffrir nos maux ni leur remède.
Ainsi l'homme est toujours prompt à se démentir :
Il languit sur la terre et n'en veut pas sortir.
Heureux qui dépouillant une erreur fantastique ,
De la mort, avec joie entonne le cantique !
C'est l'hymne de la paix et de la liberté ,
Le chant consolateur de la nécessité :
Comme, sans son aveu , l'homme a vu la lumière.
L'homme, sans son aveu voit finir sa carrière.
La plainte est inutile : il faut se résigner.
Si personne, à coup sûr, ne peut nous enseigner
Ce qui doit de nos ans suivre le court passage ,
Dans le doute prenons le parti le plus sage.
Quand le jour luit, veillons ; usons si bien du temps ,
Que nous puissions le soir nous endormir contens.
Puisque l'instant fatal nous menace sans cesse,
Hâtons-nous d'embrasser l'amitié , la sagesse ;
Surtout de la vertu connaissons tout le prix :
Quiconque se tient prêt, ne peut être surpris.

Mais au lieu de leçons, s'il nous faut des modèles
Pour braver de la mort les terreurs infidèles,
Suivons de nos guerriers l'exemple généreux :
L'existence n'est rien, la gloire est tout pour eux.
O source d'héroïsme admirable et féconde !
Ceux qui bravent la mort sont les maîtres du monde.

Mais nous, nous dont la vie, aux dépens de la leur,
Coule en ces doux loisirs que nous fit leur valeur,
Pourrions-nous oublier à quels périls s'exposent
Ceux sur qui nos destins tranquillement reposent?
Pour sauver leur pays, voyez leur zèle ardent
A forcer le Danube, à franchir l'Eridan.
Voyez-les tout-à-coup délivrant l'Ausonie,
Dans son centre étonné pressant la Germanie,
En surprenant l'Europe et l'Afrique à la fois,
Par la rapidité de leurs vastes exploits,
L'agile Renommée à peine peut les suivre.
C'est pour eux qu'il s'agit de vaincre, et non de vivre.
Thèbes n'eut autrefois qu'un Epaminondas:
La république en nombre autant que de soldats.
Chacun est un héros plein de la noble envie
D'étendre sa mémoire au-delà de sa vie,
Et son regard perçant dans la nuit du tombeau,
De l'immortalité voit luire le flambeau.

Parmi tous ces guerriers dans la fleur de leur âge,
Toi, de qui la prudence égalait le courage,
Magnanime Desaix! que ce beau dévoûment
Jette un durable éclat sur ton fatal moment!
Tout couvert de lauriers, un seul regret te reste,
Un seul penser t'occupe : ô guerier trop modeste !
De toi-même toi seul tu n'es point satisfait;
Pour la postérité tu crains d'avoir peu fait.
Desaix que ta grande ombre aujourd'hui se console!
Chez nos derniers neveux ta dernière parole
Retentira sans cesse, et de ton souvenir
Sans cesse entretiendra les siècles à venir.
Le premier des héros doit se connaître en gloire;
Et c'est lui qui t'inscrit au temple de Mémoire.
Bonaparte s'honore, en sachant t'honorer.
Ta mort le fit gémir de ne pouvoir pleurer.

La victoire, à ce prix, put lui sembler trop chère.
Ah ! lorsqu'au monde entier la paix est nécessaire,
Ceux qui n'étaient armés que pour la conquérir,
Dans ce noble dessein devait-il donc périr ?
Desaix! la France en deuil te rend un juste hommage :
Aux fêtes du triomphe on porte ton image ;
Ta perte rend, hélas ! ce triomphe moins doux.
D'une si belle mort qui ne serait jaloux !
J'ai, pour la célébrer, devancé le Parnasse.
Mânes de mon héros, pardonnez mon audace !
Je n'ai point d'un poète envié le succès,
J'ai payé seulement la dette d'un Français.

(Par M. FRANÇOIS DE NEUFCHATEAU).

*Ce discours a été lu par l'auteur dans la séance publique
de l'Institut National, du 15 messidor an 8.*

FIN DU TOME SECOND ET DERNIER.

TABLE

DES MATIÈRES.

ONZIÈME LIVRAISON.

TOMBEAUX.

DOUZIÈME LIVRAISON.

TOMBEAUX.

QUINZIÈME LIVRAISON.

TOMBEAUX.

SEIZIÈME LIVRAISON.

TOMBEAUX.

DIX-SEPTIÈME LIVRAISON.

TOMBEAUX.

DIX-HUITIÈME LIVRAISON.

TOMBEAUX.

DIX-NEUVIÈME LIVRAISON.

TOMBEAUX.

VINGTIÈME LIVRAISON.

TOMBEAUX.

PORTES ET GRILLES

DE TOMBEAUX DE FAMILLES.

FIN DE LA TABLE.

ERRATA.

Page 22, au lieu de Cimetière de Montmartre, lisez de Vaugirard.

C.P. Arnaud   Hibon

Grille en serrurerie, les ornemens en fer fondu du tombeau de la Famille de Mme Delépine,
au Cimetière du Père la Chaise.

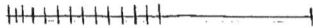

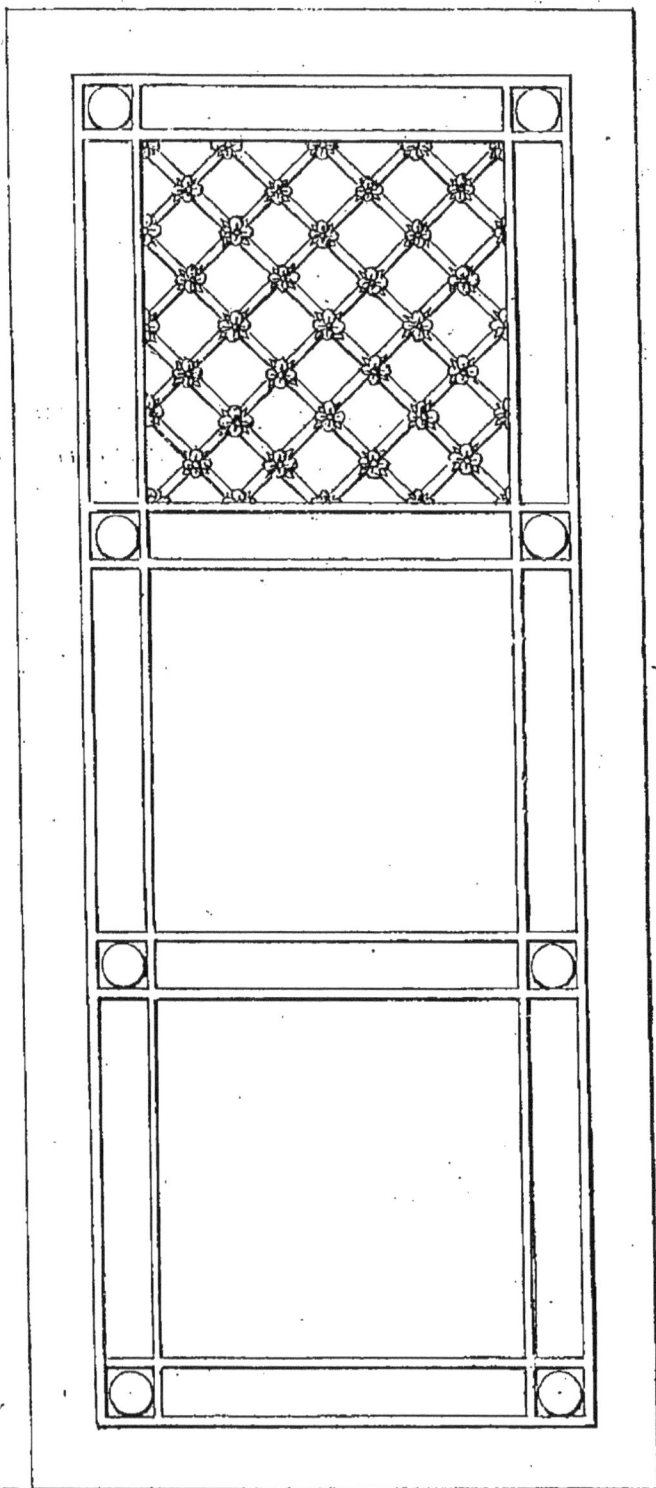

C.P. Arnaud.

Porte en serrurerie revêtue de tolle, les ornemens en bronze, du tombeau
de Jacques De Lille, au Cimetière du Père la Chaise.

C.P. Arnaud   Hibon

Grille en fer fondu, les ornemens de même du tombeau des Familles Nast et Gainier,
au Cimetière du Père la Chaise.

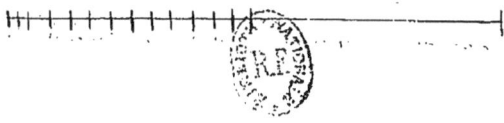

C.P. Arnaud.

Porte en serrurerie, revêtue de tôle, les ornemens en bronze, du tombeau de la Famille Hotto
au Cimetière du Père la Chaise

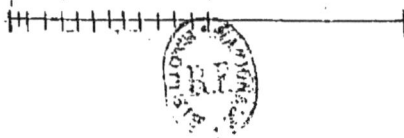

C.P. Arnaud.   Hibon

Grille en fer fondu, les ornemens de même, du tombeau de la Famille du B.on de Varange,
au Cimetière du Père la Chaise.

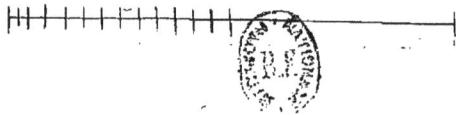

C.P. Arnaud.

Grille en serrurerie du tombeau de la Famille du Comte Monge
au Cimetière du Père la Chaise.

C.P. Arnaud   Ribou

Grille en fer fondu, les ornemens de même, du tombeau de la Famille Houdaille,
au Cimetière du Père la Chaise.

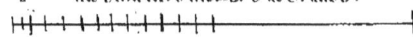

C.P. Arnaud

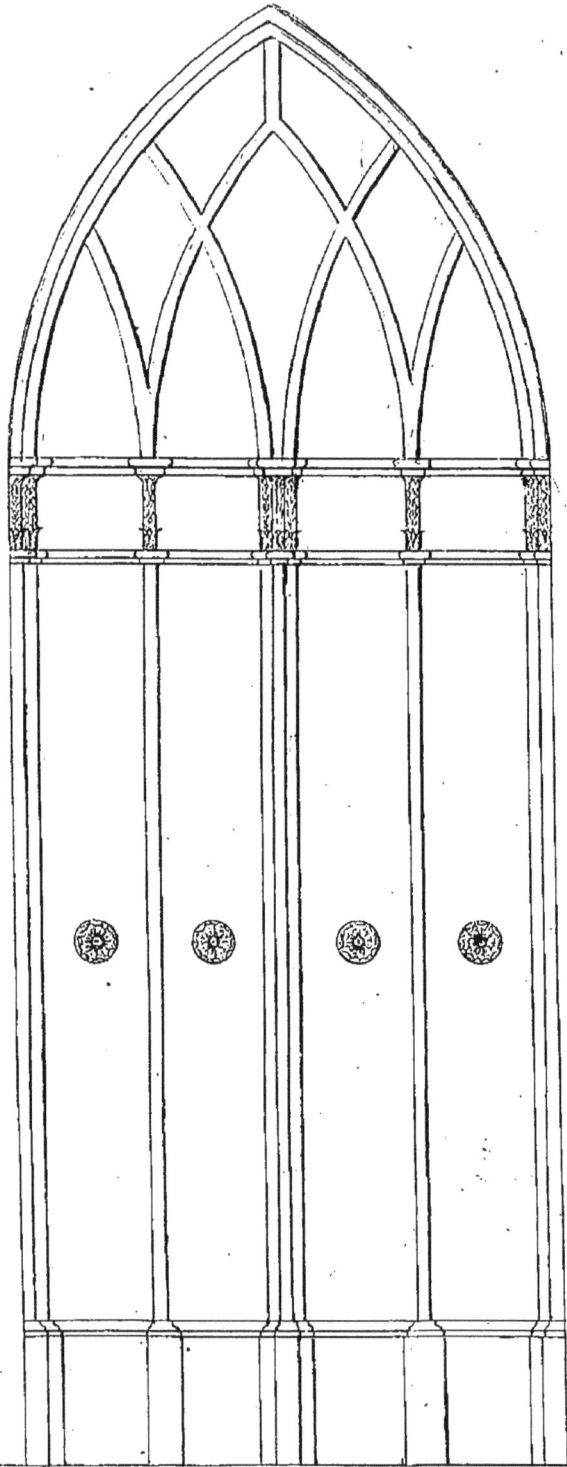

Porte en serrurerie revêtue de tolle, les ornemens en bronze, du tombeau de la Famille du C.ᵗᵉ Greffulhe, au Cimetiere du Père la Chaise.

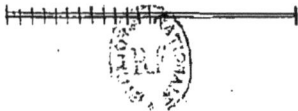

C.P.Arnaud   Bibon

Grille en serrurerie, les ornemens en bronze, du tombeau de la Famille Goupy,
au Cimetière du Père la Chaise.

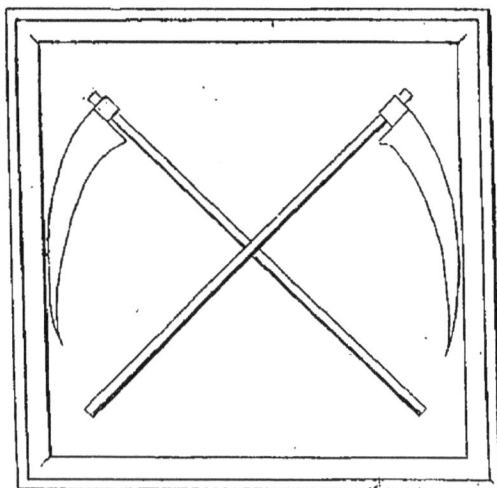

1815.

C.P. Arnaud

Porte en fer fondu, les ornemens de même, les Etoiles à jour,
du tombeau de la Famille Clary, au Cimetière du P. la Chaise.

C.P. Arnaud.

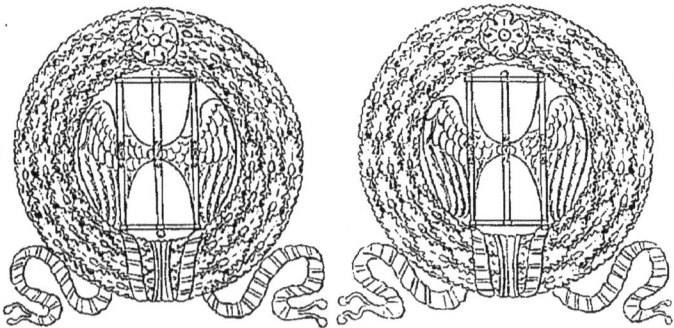

Grille en serrurerie, les ornemens en fer fondu, du tombeau de la Famille Vanterbeghe,
au Cimetière du Père la Chaise.

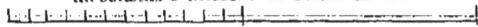

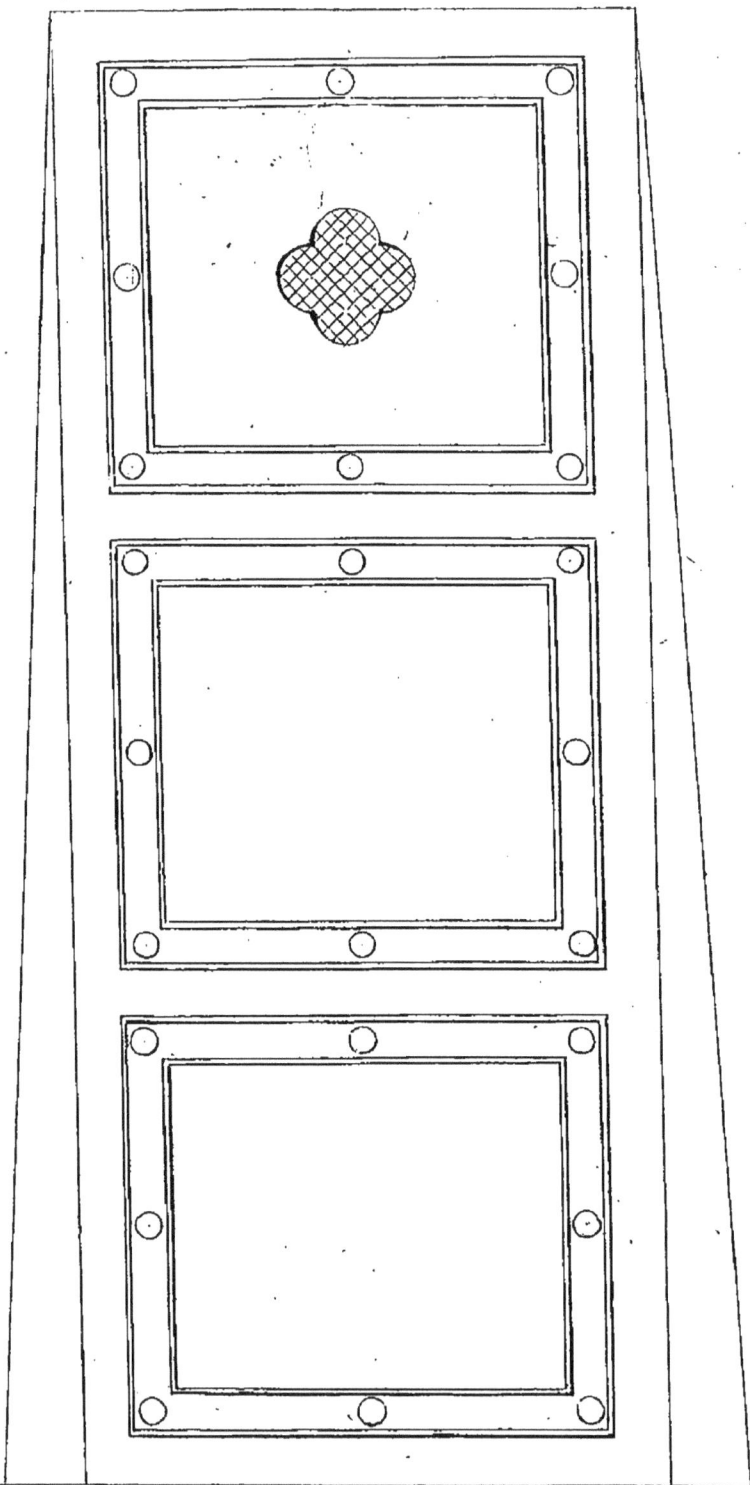

P. Arnaud.

Porte en serrurerie, revêtue de tôle, les ornemens de même du tombeau de la Famille Bonnomet, au Cimetière du Père la Chaise.

C.P. Arnaud   Hibon.

Porte en serrurerie, revêtue de tôle, les ornemens en bronze et fer fondu, du
Tombeau de la Famille N.M. et J.N.M. érigé à la mémoire de Marie Louise Meunier
au Cimetière du Père la Chaise.

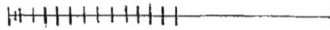

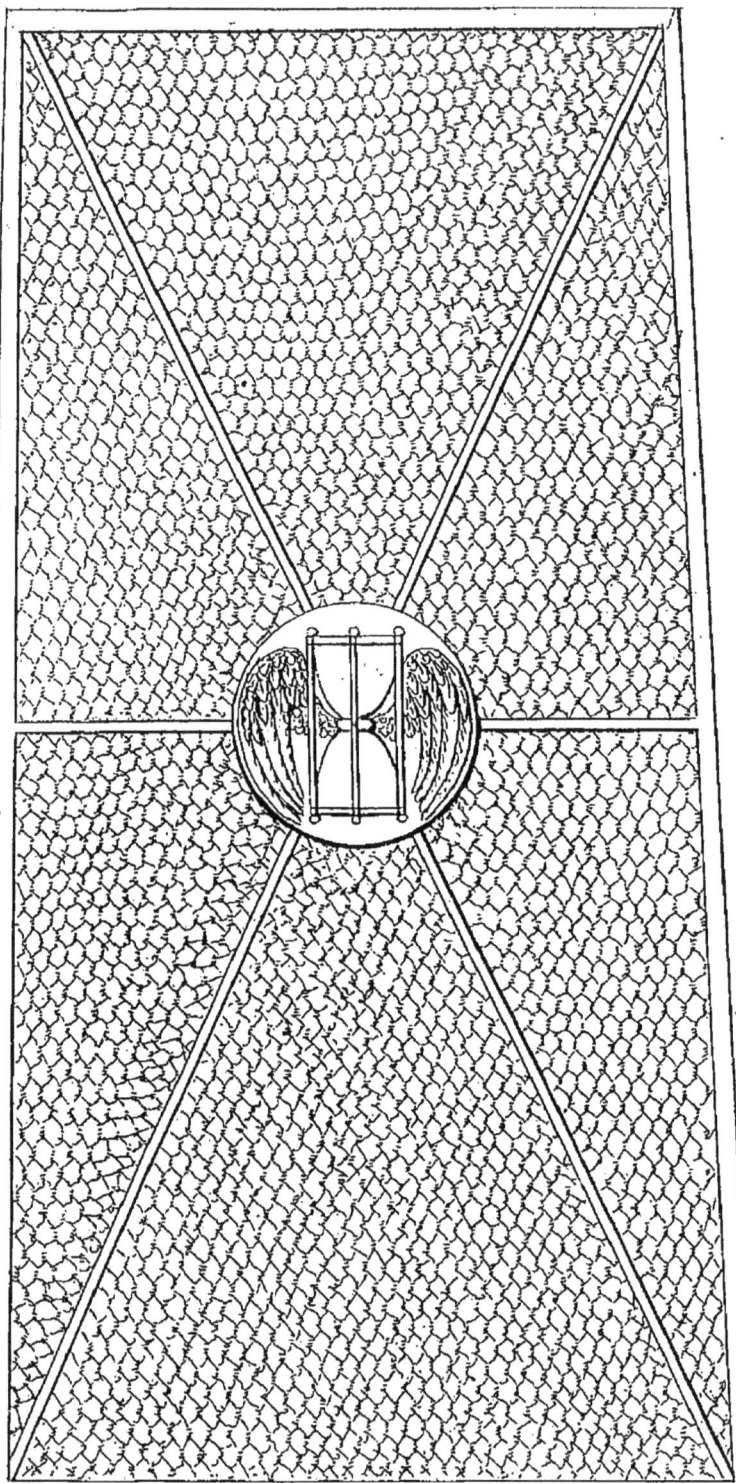

E. P. Arnaud.
Grille en serrurerie et grillage en fil de fer, du tombeau de la Famille
Millot, au Cimetière du Père la Chaise.

C.P.Arnaud.   Hibon

Grille en serrurerie, les ornemens en bronze, du tombeau de la Famille Le Moine,
au Cimetière du Père la Chaise.

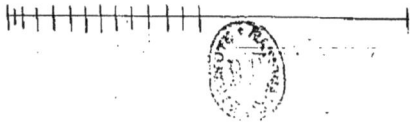

C. P. Arnaud.
Porte en fer fondu, les ornemens à jour du tombeau de la Famille
Saucède, au Cimetière du Père la Chaise.

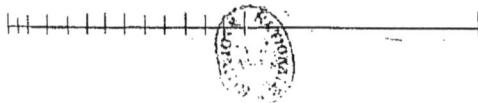

C.P. Arnaud

Porte, en fer fondu, du tombeau de la Famille Braizin,
au Cimetière du Père la Chaise.

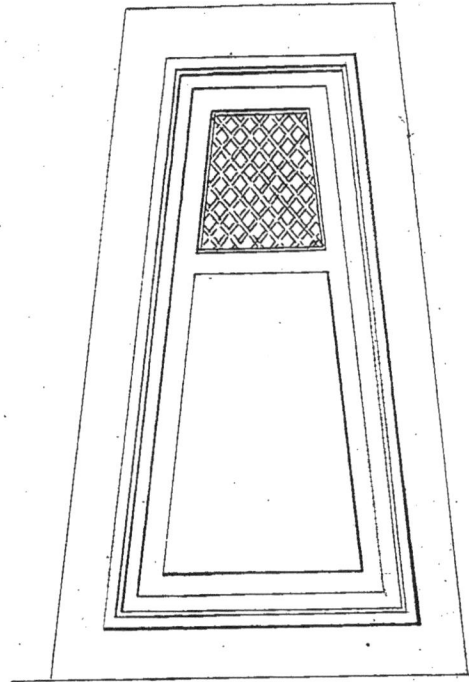

C.P. Arnaud

Porte, en menuiserie, du tombeau de la Famille du
Docteur Bosquillon, au Cimetière du Père la Chaise.

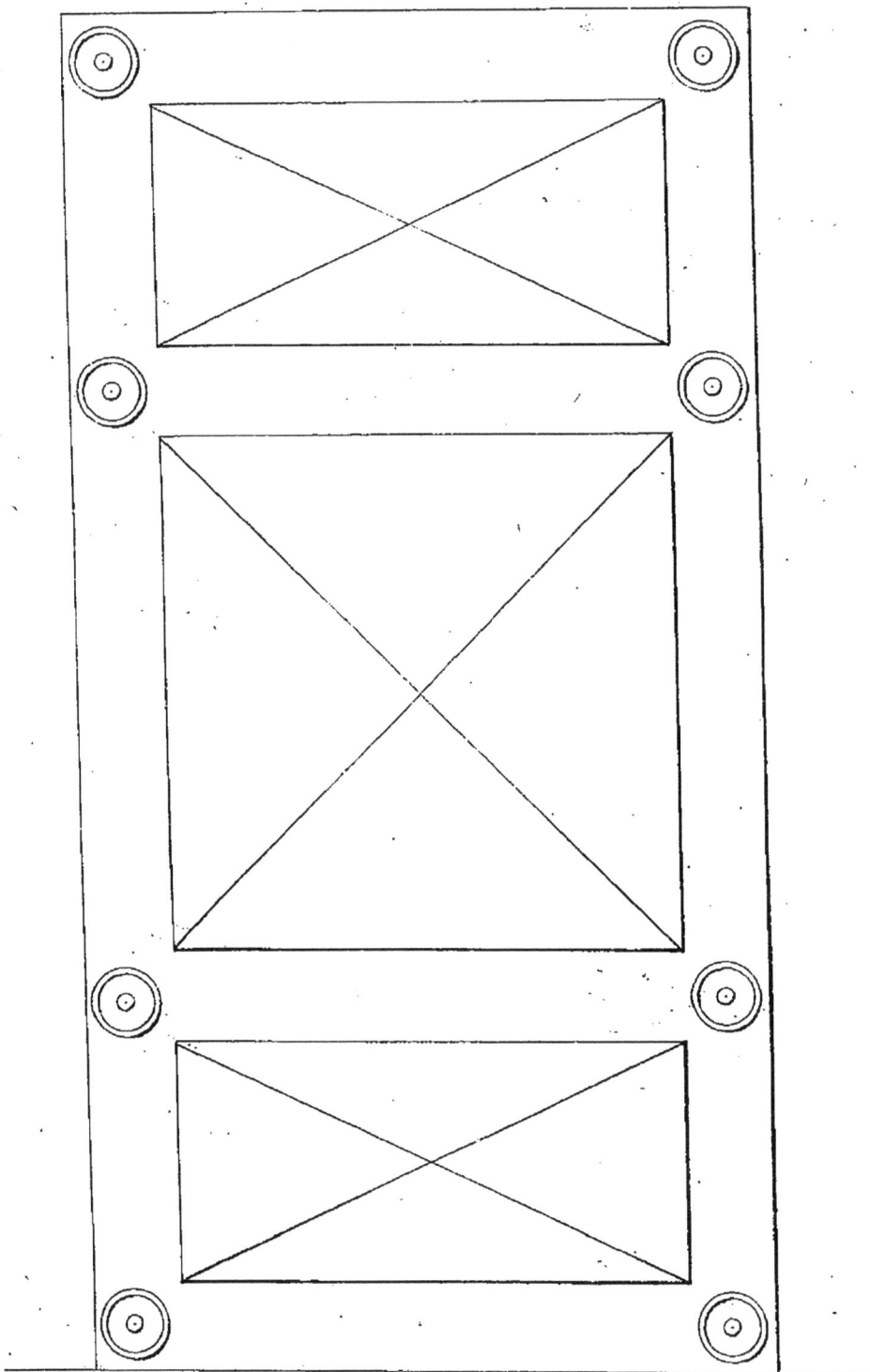

C.P. Arnaud.

Porte en menuiserie du tombeau de la Famille Porect,
au Cimetière du Père la Chaise.

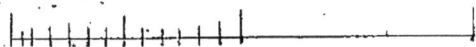

www.ingramcontent.com/pod-product-compliance
Lightning Source LLC
Chambersburg PA
CBHW072218270326
41930CB00010B/1899